COLLECTION

GEORGES LUTZ

COLLECTION

GEORGES LUTZ

CONDITIONS DE LA VENTE

Elle sera faite au comptant.

Les Acquéreurs paieront **dix pour cent** en sus des prix d'adjudication.

COLLECTION GEORGES LUTZ

CATALOGUE
DES
IMPORTANTS
Tableaux Modernes
Aquarelles, Pastels, Dessins
PAR

BOILLY, BONVIN, BOUDIN, COROT, COURBET, DAUBIGNY, DAUMIER, DECAMPS
DELACROIX, DIAZ, JULES DUPRÉ, FANTIN-LATOUR, FRANÇAIS
FROMENTIN, GÉRICAULT, GERVEX, HARPIGNIES, HENNER, ISABEY, CHARLES JACQUE
JONGKIND, JULES LEFEBVRE, LÉPINE, MEISSONIER, J.-F. MILLET
RIBOT, RICARD, TH. ROUSSEAU, SERVIN, TASSAERT, TROYON, VOLLON, ZIEM, ETC.

Œuvre Capitale de Corot : LE LAC DE GARDE

Remarquable Collection de Bronzes par BARYE

DONT LA VENTE
Par suite du décès de M. GEORGES LUTZ
AURA LIEU A PARIS

GALERIE GEORGES PETIT
8, RUE DE SÈZE, 8

Les Lundi 26 et Mardi 27 Mai 1902, à 2 heures

COMMISSAIRES-PRISEURS

M PAUL CHEVALLIER	M FRÉDÉRIC LECOCQ
10, Rue Grange-Batelière	*41, Rue Richer*

EXPERTS

M GEORGES PETIT	M. E. LASQUIN
12, Rue Godot-de-Mauroi	*12, Rue Laffitte*

EXPOSITIONS

PARTICULIÈRE : Le Samedi 24 Mai 1902, de 1 heure à 6 heures
PUBLIQUE : Le Dimanche 25 Mai 1902, de 1 heure à 6 heures

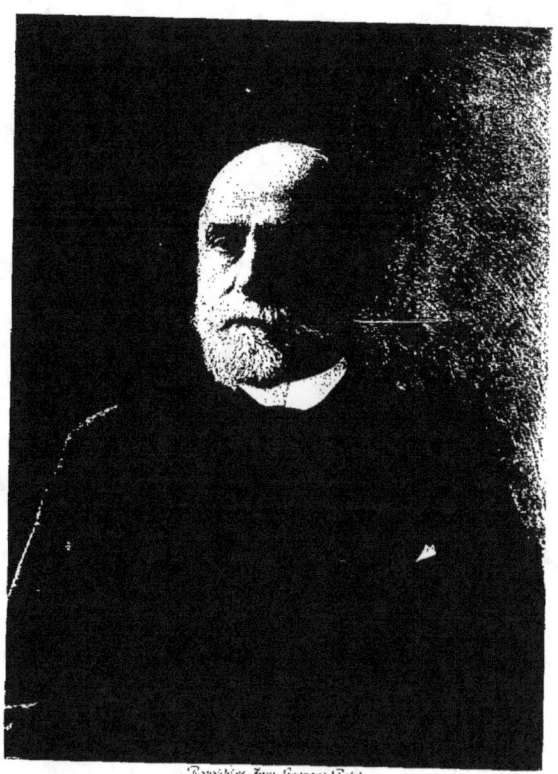

M. Georges Lutz

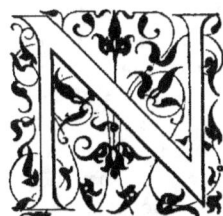AITRE dans une condition modeste, recevoir une éducation rudimentaire, se voir forcé d'obéir aux nécessités de l'existence qui vous courbent sous un labeur médiocre, et surgir grand artiste, c'est une des plus belles manifestations de l'énergie humaine et de la souveraineté d'un idéal. Les commencements humbles, difficiles, d'un illustre peintre ou d'un écrivain de génie, touchent et passionnent la curiosité, éveillent l'admiration. Certes, la destinée apparaît moins brillante pour l'homme qui, du même point de départ, atteint non pas au rang de créateur, mais à celui de connaisseur et de critique. Cependant, cet homme y a peut-être plus de mérite.

L'artiste, en effet, soulevé par le feu sacré, possède en lui-même une force qui lui fait surmonter presque inconsciemment les obstacles. En outre, l'aptitude innée, le don qui fait exécuter à sa main les rêves de son cerveau, le dispense, à la rigueur, des longues études. Si la culture n'a jamais affaibli l'originalité d'un génie puissant, on peut citer des maîtres qui ont porté très haut leur art sans le nourrir d'aucune substance technique ou scientifique : leur imagination, leur intuition, furent suffisantes à leur effort.

Tel ne peut être le cas de l'érudit artistique, du collectionneur éclairé, du critique dont le discernement fait loi. Celui-là n'a pas en soi un génie fougueux par quoi il est emporté en plein ciel, mais un simple goût, qu'il lui faut développer patiemment par l'étude et l'expérience, au prix de sûrs déboires, et pour une satisfaction délicate et personnelle, bien plus que pour une autorité, d'ailleurs estimable, mais rarement glorieuse.

On doit du moins la louange à de telles carrières, qui ont leur utilité profonde dans le progrès de l'art, sans avoir l'éclat des destinées créatrices.

* *

C'était un de ces modestes que M. Georges Lutz, parvenu par le travail obstiné de toute une vie, et qui fit la plus honorable fortune dans l'industrie des machines et outils pour la fabrication des cuirs. Pourtant certains artistes, tel Jongkind, doivent à cet homme si simple les plus vivaces lauriers de leur couronne.

A le voir tel qu'on le rencontrait souvent dans les expositions, petites ou grandes, privées ou publiques, chez les marchands de tableaux et dans les ateliers des peintres, l'aimable collectionneur ne montrait aucune prétention à un rôle artistique quelconque. Et cependant son influence fut effective et d'une direction excellente, car il avait une rare sûreté de goût, et il l'imposa à plus d'un artiste et à plus d'un collectionneur, par je ne sais quelle éloquence persuasive et tenace. Partout, du reste, il ne songeait qu'à cela : satisfaire sa passion du beau, tel qu'il le comprenait, dans une interprétation sincère et vibrante de la nature, et sans l'emphase des traductions auxquelles nous devons tant de fausses gloires. Son regard aigu, si lumineux dans sa physionomie douce, entre le front réfléchi et la barbe neigeuse où s'atténuait la malice du sourire, distinguait vite l'effet voulu ou le sentiment irrésistible, spontané.

C'était là sa force. M. Georges Lutz savait regarder et voir ; il voyait et jugeait très vite et très juste. Les réputations toutes faites, et d'un bloc, ne lui en imposaient pas, non plus que ses interlocuteurs, si illustres qu'ils fussent : très déférent, il discutait pied à pied, et ne lâchait ni d'une semelle ni d'un argument que lorsqu'il était réellement convaincu. L'éducation artistique de son esprit, qui était devenue si précieuse pour tous ceux qui le voyaient souvent, avait un stimulant et un soutien dans une critique sagace, quotidiennement exercée, qu'on ne trompait pas aisément, et qui ne se laissait point prendre aux pièges les plus habiles. En tout, M. Georges Lutz était bien fils de ses œuvres, et c'est par là qu'il mérite d'être cité comme un exemple de ce que peut la volonté fermement dirigée.

* * *

Fils de modestes artisans, M. Georges Lutz était né le 21 décembre 1835, à Alzey, petite ville de la Hesse Rhénane, qui avait fait partie de l'ancien département Français de Mont-Tonnerre, un instant gouverné par Jean Bon-Saint-André, préfet de Mayence. L'enfant n'avait pas traîné longtemps sur le *Mons Jovis* des Romains, puisque, dès l'âge de quinze ans, vers le milieu du siècle, il s'était rendu à Paris, auprès d'un oncle qui le réclamait. Dix ans plus tard, en 1860, il devenait français, par acte de naturalisation. Mais il l'était déjà par son mariage, qui l'unissait, à vingt-deux ans, à la compagne la plus digne de sa vie si laborieuse et si pleine.

On peut remonter ici jusqu'à l'initiation artistique de M. Georges Lutz. Voici un jeune homme à peine majeur, d'esprit réfléchi pourtant : il n'est point pour rien de la Hesse, autant dire de cette Bavière solide, sérieuse et grave, où cependant la gravité s'atténue et devient souriante dans un sentiment très profond de la nature et des choses d'art. Ce jeune homme sera bientôt à la tête d'une maison industrielle qu'il lui faudra mener tout seul. Il ne sait pas autre chose de la vie que ce qu'on en devine à cet âge, mais il aime une jeune fille, dont l'épaule lui sera douce aux heures de repos ou de rêve ; il se marie. Et ce petit ménage qui n'a pas encore vécu s'en va à travers le monde, à travers la vie, confiant et simple. Le jeune homme, on ne sait comment ni pourquoi, a regardé un tableau : il y a trouvé un charme qui l'a fortement ému, et il a essayé d'analyser ses impressions confuses. Le dimanche suivant, il s'est rendu dans ce Louvre immense, où l'on ne voit rien si l'on ne sait pas regarder, et le miracle agit : il a admirablement *vu ;* il a été secoué du frisson sacré révélateur ! A partir de ce jour, il aimera les choses d'art, puisqu'il les comprendra, et la mort seule pourra interrompre le charme qui opéra si vite.

Ce fut ainsi que M. Georges Lutz s'initia spontanément, on peut le dire. Le premier tableau qu'il acheta à la vente de M. Pillet, il le paya quarante-cinq francs. Plus tard, il l'offrit au comité qui s'était constitué pour organiser une vente au profit de Mlle Pillet, et il eut la joie de le voir monter dix fois plus. C'était là un premier succès. Il ne devait plus les compter.

Le commerce de M. Lutz l'obligeait à de fréquents déplacements en France et à l'étranger. Imagine-t-on ce passionné d'art, s'arrêtant à Amiens, à Dijon, à Montpellier, à Toulouse, à Lyon, à Lille, au hasard de ses courses rapides, et oubliant de visiter les musées de ces villes ? Ces musées, il les connaissait tous, et dans leurs moindres détails. S'il les avait vus une seule fois, il se renseignait si bien ensuite qu'il en suivait le développement avec une sollicitude qui en devenait presque touchante. L'étranger lui révéla de bonne heure ses chefs-d'œuvre. Il connut ainsi très vite les collections publiques et privées d'Europe ou d'Amérique, et l'étude qu'il en fit pour lui seul, sans autre souci que d'apprendre, affina son goût de la façon la plus singulière.

Chose curieuse ! C'est toujours vers les modernes que le portèrent ses préférences. Certes, il admirait les maîtres anciens, et leur enseignement traditionnel lui fut souvent secourable. Il exaltait Titien et Corrège à l'égal des dieux, et avec cette enthousiaste jeunesse qu'il conserva jusqu'au dernier jour. Mais, soit que ses désirs de collectionneur ne trouvassent pas à se satisfaire, les Titien ne courant pas précisément la rue, soit que décidément il comprit mieux et qu'il aimât d'un amour différent et plus vif peut-être, tout ce qui lui était immédiatement sensible chez ses contemporains, c'est à eux qu'il alla avec une préférence exclusive : qu'on se rappelle son attachement pour Barye, pour Français dont il fut l'ami, pour Corot, pour Lépine et pour Jongkind, par exemple, et même pour ce délicieux Boilly, si près de nous, et qu'il aura contribué certainement — mon distingué confrère M. L. Roger-Milès vous le dira — à mettre au premier plan.

* *

M. Georges Lutz s'était tout de suite épris de Jongkind, ce grand fou qui connut les pires désillusions presque en même temps que la gloire, qui se défiait de tous et plus encore de lui-même, qui vécut dans la souffrance et dans la misère, qui ne se plut guère que dans la solitude amère et irritante, qui ne dut qu'à la fidélité de ses amis de mourir en paix, et dont aujourd'hui la moindre toile se couvre d'or. M. H. Brame nous a fait le récit d'une visite à Jongkind, à une époque assez troublée de notre vie politique. Il le trouva coiffé de son large feutre, où venaient se poser des pigeons. Ses vêtements étaient retournés, et les meubles, sens devant derrière, dansaient un cancan effréné. Comme le visiteur s'étonnait, Jongkind répondit froidement :

— Tout est à l'envers dehors, il n'y aurait que chez moi que tout serait à l'endroit, c'est impossible !

L'atelier de Jongkind présentait à peu près le même décor pittoresque lorsque M. Georges Lutz s'y rendit pour la première fois. Le vieil élève de Schelfhout et d'Eugène Isabey était coiffé toujours de son immense chapeau à larges bords, et les pigeons en liberté avaient toute licence dans l'atelier : ils ne renonçaient à aucune, du reste, et M. Lutz nous contait que les palettes de Jongkind s'augmentaient parfois de couleurs imprévues. M. G. Lutz venait pour acheter une toile, et Jongkind s'était déjà mis en devoir de lui faire les honneurs de l'atelier, quand une personne qui se trouvait là lui signifia, en hollandais, qu'il eût à se méfier du collectionneur et à grossir le chiffre de la demande. M. Lutz fixa son choix, et, quand il fallut discuter le prix :

— Monsieur Jongkind, lui dit-il, je ne suis pas riche. Il est donc inutile de monter si haut vos prétentions, pour suivre le conseil qu'on vous a donné tout à l'heure.

Stupéfait, le peintre s'écrie dans son tutoiement familier :

— Tu sais donc le hollandais ?
— Oui.
— Tu as visité La Haye, Amsterdam, Rotterdam ? Tu as vu nos Musées ?... Tout ce qui est ici t'appartient, au prix que tu voudras... Prends... Prends...

M. Georges Lutz se contenta d'emporter le petit tableau qu'il avait choisi, mais il revint souvent depuis dans l'atelier de Jongkind, qu'il soutint de son amitié, qu'il fit connaître de quelques amateurs, et à qui il sut donner, avec infiniment de délicatesse, la sensation d'une gloire réelle.

J'ai là quelques billets de Jongkind à M. Georges Lutz, son

« bon ami Lutz ». Datés de la côte Saint-André, ils sont de 1883, 1884 et 1885. Le brave artiste écrivait assez nerveusement, et, dans la douleur physique, il ne faut point être surpris que notre Hollandais estropiât un peu le français : « Vous me donnez l'assurance, dit-il, de vos bons souvenirs, de votre amitié envers moi, et que vous continuez à aimer ma peinture... » M. Lutz avait acheté un tableau de Jongkind, et il lui posait des questions : « Quant au tableau, écrivait-il, donc (sic) vous me demandez mon
« avis, je vous le dirai quand je serai de retour à Paris. Mais je
« pense que j'ai peint une grande étude de l'Escaut, à Anvers
« (1850), avec souvenir et études des vieux vaisseaux hollandais.
« Comme je viens vous dire, à mon retour à Paris je vous le
« dirai. — En attendant, je dois suivre ici toujours un traitement
« et encore subir des opérations. »

Jongkind se félicitait de son médecin, « qui me traite d'amitié », de la tranquillité, et des soins qu'il n'aurait pas eus rue de Chevreuse. « Enfin, je m'occupe tant que je peux à dessiner, d'après
« nature, des paysages en toute saison, d'autant plus que c'est un
« beau pays. J'ai fait aussi une grande aquarelle de Grenoble.
« Il faut que j'y retourne encore pour faire des études, parce que
« j'espère faire de Grenoble, au bord de l'Isère, un tableau, ainsi
« que des vues du Dauphiné. Mais je regrette de ne pas être à
« Paris ; mon absence me fait du tort, parce que mes amis me
« demandent des tableaux... »

Toutes ses lettres parlent d'opérations à subir. Il souffre beaucoup, et on doit le sonder quotidiennement. « Par le traitement
« que je subis, écrit-il à M. Lutz, mon état nerveux est tellement
« sensible que je me trouve sous l'influence de l'émotion des
« moindres choses. » Il ajoute : « Je regrette, au moment que
« j'ai quelques succès de mon travail, d'être obligé à me reposer
« et de ne pas pouvoir faire ce qu'on m'a demandé... En atten-
« dant, je m'occupe toujours à étudier la nature, et maintenant,
« je ne pense que sérieusement dans l'espoir de pouvoir faire
« quatre tableaux, c'est-à-dire quatre paysages de la côte Saint-
« André : 1° le Printemps; 2° l'Été; 3° l'Automne; 4° l'Hiver.
« Et donc, j'ai fait plusieurs dessins et des aquarelles. A mon
« retour, je serai heureux de vous les faire voir. Aussi, j'ai fait
« trois grands dessins et aquarelles de Grenoble. »

A feuilleter ces lettres de Jongkind, une émotion indicible vous prend. Il s'y donne si entièrement! Le grand artiste s'intéresse à tout : la santé des autres lui est, semble-t-il, aussi chère que la sienne propre. Il conseille le grand air et la marche, il se rappelle au souvenir des uns et des autres, petits et grands, et toujours il revient à son labeur énorme, à ses études qu'il multiplie pour le moindre tableau, et dans sa tête, un peu lasse pourtant, il semble que tout soit classé avec une certaine méthode. Voici ce qu'il écrit à M. Georges Lutz, le 25 novembre 1885 : « J'ai reçu hier votre lettre, et aujourd'hui je reçois le catalogue.
« Je ne peux pas bien comprendre l'ensemble de mes dessins et
« tableaux, compris dans votre collection, parce que j'ai fait
« plusieurs dessins et aquarelles de Notre-Dame, ainsi que diffé-
« rentes vues et patineurs hollandais. Or, je ne remarque pas
« dans votre catalogue mon petit tableau, *l'Enterrement de la côte
« Saint-André,* ainsi qu'une toile plus grande du *Boulevard du
« Port-Royal, à Paris.* Enfin, je serai heureux, étant à Paris, de
« pouvoir venir vous voir et vous rendre visite. » Il signe sa lettre et la reprend pour la troisième fois : « Je remarque que
« vous n'avez plus mon tableau, toile, 46 sur 52, en hauteur :
« *Vue de la rue Saint-Jacques de Paris,* avec omnibus et l'enseigne
« du grand mur de « *La maison n'est pas au coin du quai, on rend
« l'argent* », et dont je vous ai déjà parlé dans une de mes précé-
« dentes lettres. »

L'admirable collection que M. Georges Lutz avait réunie, dans son appartement de la rue Dieu et de la rue Beaurepaire, témoigna jusqu'au dernier jour de sa fidélité à Jongkind. Celui qui écrit ces lignes pourrait dire avec quelle ardeur d'apôtre il en parlait encore à tout propos, et non pas en amateur égoïste qui entend accaparer une œuvre à qui l'avenir est promis. Sans doute, il ne lui déplaisait pas qu'on pût souligner que les plus belles pages d'un maître préféré — tel Jongkind — étaient chez lui, et pas ailleurs. Mais il avait un égal souci de la fortune, et il poussait à la glorification de son œuvre, et à sa diffusion, avec une persévérante éloquence. Il est tel de nos amis communs qui se délassait des soucis du pouvoir en recherchant, en la compagnie éclairée de M. Lutz, les Jongkind de choix, aujourd'hui hors de prix.

Ce n'est pas de M. Georges Lutz qu'on pourra jamais dire qu'il a joui de l'art en égoïste, et particulièrement des œuvres dont il avait fait la merveilleuse parure de son logis et l'ornement de sa vie. Pour peu qu'on eût gagné sa confiance, il consentait, de la meilleure grâce du monde, à vous ouvrir les portes du sanctuaire, et alors l'enchantement était double, des honneurs qu'il vous faisait avec tant de libéralisme, et des mille anecdotes qu'il vous contait sur chacune des œuvres accrochées là. Il ne lui suffisait pas qu'on vînt admirer ses maîtres préférés en son privé, et les expositions de ces vingt dernières années le montrèrent toujours soucieux de les vulgariser — dans le sens droit du mot. Qui ne se rappelle avec quelle générosité il disposa de ses Boilly en faveur de l'Exposition Centennale et du Pavillon de la Ville de Paris ? Ses Boilly ! il les chérissait d'un amour tout particulier, et je ne suis pas bien sûr qu'il n'eût pas pour eux une préférence réelle. Mais, en ce cas, il ne se la serait pas avouée à lui-même, par peur de nuire en son esprit à tout autre maître représenté chez lui. Cependant, j'ai le souvenir d'une violente émotion de M. Georges Lutz, le jour où l'on inaugura la Centennale. On avait fixé ses Boilly si haut, et dans une lumière si déplorable, qu'on ne s'arrêtait même pas devant eux. Il menaçait de les retirer, et il s'en ouvrait hautement à tous : « Rassurez-« vous, lui dis-je, Boilly est aussi peu favorisé que Ingres avec « lequel il voisine : demandez plutôt à Bonnat et à Henner... » MM. Henner et Bonnat, indignés eux-mêmes de la place qu'on avait donnée au *Vœu de Louis XIII*, s'en ouvrirent sur-le-champ au ministre des Beaux-Arts : le lendemain, on remaniait la salle Ingres, et Boilly y gagnait, du même coup, la cimaise, et c'était justice.

L'Exposition Universelle apporta à M. Georges Lutz la récompense que tous ses amis avaient réclamée pour lui. On attacha le ruban rouge à la boutonnière de ce collectionneur libéral, qui put alors mesurer le chemin parcouru depuis le jour où, âgé de quinze ans, il quittait le Mont-Tonnerre pour chercher fortune à Paris. Ce Français des bords du Rhin voulut fêter sa croix en Bourguignon salé. Il réunit à sa table les meilleurs artisans de sa grande joie, et pour eux il dévalisa sa vieille cave opulente. Ce jour-là, Henner, stupéfait, s'arrêta, dans le salon de M. Lutz, devant une étude délicieuse pour sa *Suzanne entre les deux vieillards* :

— Comment diable avez-vous cela ? s'écria-t-il. Cette étude vient de Rome, où je l'avais faite, et c'est le duc d'Aumale qui me l'acheta. Il ne vous l'a pas vendue, j'imagine ?

— Non, répondit M. Lutz en souriant. Le duc d'Aumale ne me l'a pas vendue.

— Alors ?

— Mais, je la tiens de Léonide Leblanc !

Après le déjeuner, qui fut d'une gaîté extraordinaire, M. Georges Lutz nous montra son *Livre d'or,* qui s'ouvre sur un beau dessin de Français, et se termine par ces lignes, écrites ce jour-là :

« Si je fais partie du prochain gouvernement jacobin, je
« prendrai possession de la collection de M. Lutz au nom du
« bien public.

« Pierre Baudin. »

Le ministre des Travaux Publics n'est pas le seul, d'ailleurs, qui ait nourri de si noirs projets, et le *Livre d'or* garde ces phrases significatives et grosses de menaces :

« On m'a beaucoup accusé d'avoir, pendant la Commune,
« soustrait des tableaux au Louvre.

« A la prochaine révolution, je sais bien dans quelle maison
« j'irai exercer mes cambriolages. C'est le plus bel éloge que je
« puisse faire de la collection Lutz.

« Henri Rochefort. »

« Mars 1897. »

M. Georges Lutz avait depuis longtemps formé le projet d'un séjour à Florence. Comme nous revenions d'un voyage en Italie, il nous disait : « Avez-vous séjourné à Florence ? » Voir Florence n'était rien. Y vivre quelques semaines dans la fréquentation des chefs-d'œuvre que la Renaissance y déposa, comme sur un autel fleuri d'immortelles : voilà ce que souhaitait ce vieillard aimable, pour qui plus rien n'existait en dehors des sensations d'art. Il voulait rêver dans le mélancolique Campo Santo de Pise, dont le seuil de marbre arrête la vie de ce monde. Les verrières du Dôme de Lucques l'attiraient, et, pour étudier l'*Annonciation*, de Rossellino, il devait se rendre à Empoli. Mais Florence, dont le nom est sur nos lèvres comme l'écho d'une chanson qui nous berce sans cesse, Florence, dont Ingres disait : « Les matériaux de l'art sont à Rome, mais les résultats sont à « Florence ! » — c'est là que M. Georges Lutz voulut se rendre, et, accompagné de sa petite-fille, Mlle Simone Duvelleroy, il s'y rendit, en effet, pour y mourir ! Un petit carnet de notes, menues et serrées, atteste le soin qu'il avait apporté à l'organisation de ce suprême voyage dans la ville de l'Angelico. A peine arrivé à Florence, le mal terrassa ce petit homme prodigieux d'énergie, et, pour éviter que la mort ne l'emportât loin des siens, il fallut le ramener à Paris en toute hâte... Le 12 octobre 1901, M. Georges Lutz mourait, âgé de soixante-six ans. Il n'avait pas séjourné à Florence, hélas ! de la manière qu'il voulait, mais sa vie finissait — que les siens nous permettent de le dire — comme il eût pu en faire le rêve : dans l'éblouissement entrevu de ce miracle d'art qu'est Florence. S'il ne connut pas les douceurs de Chanaan, du moins il avait, avec quelle émotion sacrée ! foulé du pied la Terre Promise !

Henry Lapauze.

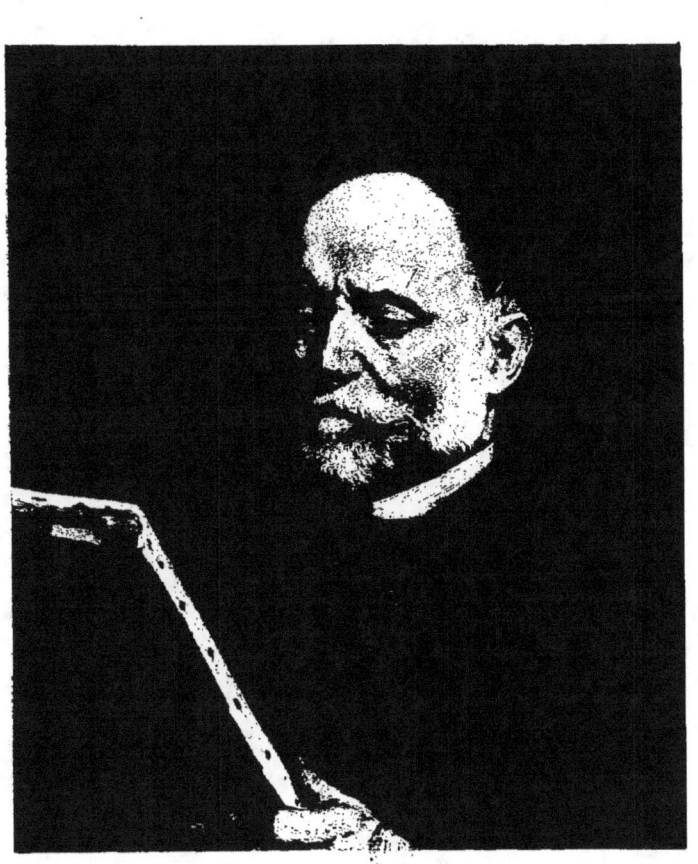

La Collection Georges Lutz

I

i Georges Lutz possède, dans sa collection, — l'une des plus remarquables qui aient été formées dans les quarante dernières années du xixe siècle, — quelques œuvres toutes contemporaines d'artistes qui étaient unis à lui par des liens de profonde amitié, il ne faut pas oublier qu'il fut l'un des plus ardents défenseurs de l'école française de 1830, défenseur intransigeant, dont on doit excuser l'absolutisme, quand on considère de quels chefs-d'œuvre il s'était entouré.

Ils sont là presque tous, les vaillants qui eurent tant à lutter contre les goûts modestes et les entêtements irraisonnés de leur époque, et quelques-uns, parmi les meilleurs, Corot, Jongkind, Barye, semblent avoir obtenu du collectionneur une prédilection marquée. Mais même pour les maîtres dont Georges Lutz n'avait retenu qu'une œuvre, cette œuvre, habilement choisie, est suffisante pour permettre de les étudier et de mesurer la part de leur talent, — ou de leur génie, — dans l'immense effort de l'école dont ils assurent la gloire.

Les initiateurs de l'école de 1830, Louis Cabat en tête, rompirent avec la tradition du paysage historique, qui ne méritait pas d'être une tradition ; ils retournèrent à la nature, à l'interprétation directe de la nature, et, au lieu de faire des tableaux dont toutes les parties n'eussent été que des copies partielles et froidement agencées de la nature, sans unité, sans intérêt d'émotion, ils donnèrent des ensembles où ils traduisaient la nature, non comme elle était, mais comme ils la voyaient, et mieux, comme ils la sentaient ; au lieu d'exercices et de gammes où toute l'habileté des virtuoses se dépensait en vains efforts, demeurés sans retentissement, ils conçurent de complètes symphonies, où chantait, où palpitait une âme d'artiste. Ils furent plus que des forts, des savants, des corrects ; ils furent des inspirés.

Qu'on se rappelle cette apostrophe éloquente que Thoré adressait à Théodore Rousseau :

« Toi, cher poète, tu as passé ta vie à regarder le grand air,
« la pluie et le beau temps, et mille choses insaisissables pour
« l'œil vulgaire. La nature a pour toi des beautés mystiques
« qui nous échappent, et des faveurs secrètes que tu exploites
« avec amour. Devant la nature, quand on la sent et quand on
« l'aime, on est bien heureux d'être peintre comme toi. Autre-
« ment, le bonheur de la contemplation est en même temps une
« vive souffrance, puisqu'on est impuissant à exprimer son
« enthousiasme. Nous autres profanes, nous n'avons qu'un amour
« stérile et douloureux, comme une passion romantique, impos-
« sible à satisfaire. Ton amour, ô peintre, est bien plus réel. La
« peinture, c'est le véritable entretien avec le monde extérieur,
« c'est une communication positive et matérielle. C'est une
« domination que tu exerces sur la nature, et, de ce mélange
« amoureux, il résulte un être nouveau, une création qui repro-
« duit les éléments du père et de la mère, de la nature et de
« l'artiste. »

Et Corot, lui, l'âme qui s'est grisée de la douceur des matins clairs ; Corot, dont la pensée évoque des rêves idylliques, plus que de plaintives élégies ; Corot, à toutes les époques de sa vie où, sans cesse, il demanda à la nature, dans l'assiduité et la passion de l'étude, cette indépendance d'expression dont il cherchait le langage encore irrévélé ; Corot nous apparaît dans toute la splendeur de son génie, avec son originalité propre, au milieu de la phalange superbe de l'école de 1830. S'il avait commencé l'étude de son art sous la direction de Michallon et de Bertin, deux défenseurs entêtés de l'école du paysage historique, il avait appris d'eux la nécessité d'un dessin serré, précis, exact, et l'on est surpris de l'écriture de ses dessins. Puis, sous l'influence de Cabat, qui commençait à prêcher d'exemple pour une doctrine nouvelle, il s'était rapproché de la nature ; il avait senti qu'il y avait autre chose dans le paysage que des arbres et des campagnes ; qu'il y avait aussi des heures, qui mettaient une harmonie dans le pittoresque et variaient les aspects, comme la vie elle-même. Il s'était mis alors à considérer non plus l'objet séparément, l'élément isolé dans le paysage, mais l'ensemble, le concert des choses, l'exquise erreur offerte à notre vue par les caprices de la lumière ; et lui, qui était si sincère, si minutieux, si précis, quand il dessinait à la plume un arbre, voilà qu'il mettait toute sa sincérité, toute son exactitude, à ne plus dessiner apparemment cet arbre, mais à nous en donner la sensation, à en traduire le frisson dans le coin de nature qu'il se proposait d'interpréter. « Je ne fais pas le portrait d'un arbre », répondait-il à quelqu'un qui lui demandait s'il peignait un chêne ou un châtaignier. Et il avait cent fois raison.

Lorsqu'il contemplait un site, comme le *Lac de Garde*, une entrée de bois ou une clairière en forêt, ou un petit pont, comme on en découvre dans les œuvres de lui, que Georges Lutz était justement fier de posséder, que lui importait de connaître l'essence des arbres qui se dressaient devant lui. Ce qu'il admirait jusqu'à l'émotion, c'était l'harmonie de la masse, c'étaient les tons attendris dont se parait cette masse, c'était la vie qui passait dans tout cela. La nature se montrait à lui, non pas comme un livre ouvert dont les colonnes s'emplissent des chiffres d'une statistique, mais comme une maîtresse toujours admirablement jeune et belle, et toujours digne d'être adorée.

Et Corot l'aimait, cette nature dont tous les éléments lui chantaient leur poème, et c'est parce qu'il y écoutait une voix vraiment divine, qu'il se plaisait, en fervent de Théocrite qu'il lisait dans le texte, après avoir longtemps cultivé le Jardin des racines grecques, c'est parce qu'il y écoutait cette voix idéale, qu'il se plaisait à ressusciter dans le cadre de ses paysages soit des paysans rencontrés, soit les aimables bourgeois de la foi païenne, ces paysans de la mythologie, les nymphes, les satyres, les dieux éternels et autres, dont l'humaine bonhomie répondait comme un écho lointain à sa bonté plus qu'humaine.

Et voici qu'à côté de Corot, j'aperçois les œuvres admirables de Jongkind, qui me sollicitent : c'est l'*Embouchure de la Meuse*, c'est *l'Escaut au printemps,* c'est le *Campanile de Rotterdam*, et dix autres dont on trouvera plus loin la description. Je ne crois pas qu'il y ait de peintre plus intéressant, si l'on considère l'évolution très précise de sa manière.

Tout d'abord, tant que l'étude approfondie de la nature et du métier, indispensable à la liberté apparente des moyens d'expression, n'a pas mis Jongkind à même de se sentir maître de son pinceau ou de son crayon, Jongkind montre une sorte de sagesse qu'il a peine à contenir. Il remplace la fougue qui bouillonne en lui, par des qualités de solidité et d'équilibre ; il compose avec bonheur, avec intelligence, et prépare, en un mot, ses belles conquêtes à venir. Puis, un jour qu'il est assuré de ne pas faire de faux pas, de ne point rétrograder au bénéfice d'un progrès illusoire ; un jour qu'il se sent d'aplomb pour la lutte, il rompt en visière avec toutes les traditions ; il secoue le joug de l'école ; il se lance en avant, de toute l'ardeur, de tout l'enthousiasme de son indépendance.

Partout où il va, il observe, il comprend, il compare, il retient ; mais, en voyageur qui a ses endroits de prédilection, après avoir traversé les climats les plus variés, après avoir ausculté le travail des hommes qui bouleverse les pittoresques, il revient, assoiffé des visions familières de son enfance, aux canaux de Hollande, aux petits moulins qui se mirent dans l'Escaut, à cette couleur, à cette harmonie, à cette lumière, qui éveillaient en son âme de doux bonheurs intimes et de chères mélancolies. Et, badaud capable d'accomplir des tours de force comme en se jouant, c'est au hasard de ses promenades sur les quais, dont le mouvement le grise, qu'il note, en une peinture parfois sommaire, ne relevant que d'une absolue maîtrise, ces bassins et ces ports, où ses amis, les bateaux, enflent leurs voiles brunes, pour sa joie et pour la nôtre.

Il est tellement pénétré de la caractéristique du site qu'il interprète, que ce site semble créé exprès pour sa manière définie de synthèse expressive, et ce n'est pas là qu'une habileté, qu'un acquis de métier ; il y a de la science dans cette transposition de la réalité, il y a de la science unie à un beau souffle d'inspiration.

II

Je veux maintenant réunir dans un même paragraphe trois maîtres, qui sont également bien représentés dans la collection Georges Lutz : Daubigny, Rousseau, Jules Dupré, parce qu'avec une manière propre à chacun, ils sont l'expression définitive de trois états d'âmes de paysagistes devant la beauté de la nature : tous trois ont appliqué leur psychologie spéciale aux objets qui faisaient vibrer leur émotivité, et cela avec une telle puissance d'originalité, qu'on serait fort en peine de dire quel est celui des trois qui l'emporte sur les deux autres.

Les bords de l'Oise ! C'est tout Daubigny qui rayonne dans le chef-d'œuvre de la collection qui porte ce titre. On y voit Daubigny écouter pour ainsi dire la confession intime du paysage, après en avoir étudié les lumières, analysé les harmonies, fouillé les profondeurs. On pourrait en donner une analyse synthétique, en prenant les éléments dont il compose ses toiles et qu'il arrange — ou mieux, qu'il choisit — suivant son inspiration du moment, et c'est là une preuve de la souplesse du talent de Daubigny : là où nous ne trouvons qu'un même système descriptif, lui improvise d'extraordinaires variations que son œil découvre et que son âme écoute et recueille.

Au fond, sous l'ambiance grise et chaude du jour, les collines bleuissent ; des fois, un pont de pierre a des transparences de gaze blanche ; l'eau qui miroite coule ses frissons diamantés le long des rives, et le long de ces rives, qui s'arrondissent en un coude, toute une forêt se penche, aux arbres d'essences diverses. Ici un bouquet de chênes aux robustesses capricieuses, aux majestés d'ancêtres ; là, des peupliers hauts empanachés, qui prennent à l'éloignement, sous le ciel qu'ils touchent, des tons de vieille orfèvrerie d'or ; à côté, des bouleaux, des hêtres, des châtaigniers, des saules qui semblent las de porter leurs branches et laissent dans le courant plonger le bout de leurs lianes, dont la masse s'arrondit en une ombrelle de verdure. Pour cacher le sol, des mousses et des bruyères poussent au hasard, et le long des troncs noueux grimpent des lierres parasites.

Daubigny, qui a sa place au premier rang des maîtres de l'école de 1830, en est certainement l'artiste le plus inégal : son exécution est toujours large et libre ; mais, parfois, dans ses nuages, comme s'il voulait marcher contre son désir et son goût, il fait s'envoler des flocons qui n'ont pas l'impondérabilité nécessaire, et cela par un procédé d'exécution qui exagère les pâtes. Seulement, quand il ne regarde ni Corot, ni Rousseau, quand il veut être lui-même, — et on sait qu'il sut, assez tôt, s'affranchir de toute influence et rejeter de son inspiration les ingrédients hétérogènes, — il est admirable. La touche est légère, quoique solide, libre et suffisamment précise, pour ne pas prétendre qu'à une sensibilité évocatrice de poésie.

Le ciel, la terre et l'eau sont d'un tel accord de tons, qu'on a vraiment la nature vraie sous les yeux : tout s'enveloppe d'une lumière blonde, à travers laquelle on sent vibrer la vie. Cela est infiniment beau, parce que cela est pénétré d'un charme infini.

On se rappelle, devant ces paysages d'une si auguste sérénité, le maître, assis dans sa barque arrêtée au milieu de la rivière, coiffé d'un béret de velours ; il demeurait calme d'apparence, mais empoigné jusqu'à s'isoler dans le recueillement, bercé par le silence plein de murmures ; et c'est elle qu'on retrouve dans ses chefs-d'œuvre ; c'est cette sensation d'une palpitation insaisissable, dont il a conquis cependant la formule, comme un reflet d'âme qui demanderait à sa palette, pour être traduit, un reflet de lumière.

Chez Rousseau, ce n'est plus cette sérénité, ce n'est plus cette contemplation calme ; l'étude ne se poursuit pas sans effort, et l'effort ne lui plaît qu'autant qu'il s'y mêle de l'inquiétude. C'est qu'en effet, Rousseau, dont la carrière a été si rude, a eu de terribles inquiétudes ; son art lui donnait chaque jour l'obsession du mieux, parce que sa main voulait rendre, dans le motif que son œil précis avait vu, toute une poésie intense, aiguë, qui se révélait à lui. Que de fois il fit vingt paysages différents sur le même motif, étonnantes variations d'un chromatisme toujours heureux, sur un même thème ! Et nous savons que, sur le panneau qui lui avait servi, il effaçait et refaisait le motif, dont il n'était jamais suffisamment satisfait. Que de regrets ne devons-nous pas avoir aujourd'hui de ne pas posséder ces ébauches sublimes, pour en faire, selon le mot d'un de ses admirateurs, l'histoire peinte de ses tourments d'artiste. C'est qu'il était constamment en lutte contre sa volonté de faire des paysages avec des lignes arrêtées, quand la sensation de nature, incessamment variée, lui semblait d'essence si fugitive.

Il avait de douloureuses contemplations devant les spectacles imprévus que les éléments et l'atmosphère lui donnaient : orages préparés par un brusque amoncellement de nuages, caprices de vapeurs errant sur le vent invisible, devant le masque irradiant du soleil, décors gigantesques qui font peser leur architecture monstrueuse sur le front boisé des collines, futaies hirsutes qui semblent, comme des légions de nains, donner l'assaut au tronc robuste et bossué des grands arbres : tout cela était pour lui le poème éternel de la vie, que ses pinceaux voulaient magnifier, ainsi qu'on l'observe dans le petit tableau, *les Bords de l'Oise*, décrit plus loin.

Et maintenant Rousseau nous apparaît comme un de ces arbres qu'il a dressés vers l'immortalité, dans son œuvre tout de splendeur.

Il a compris la nature avec la sensibilité de J.-J. Rousseau ; il l'a traduite avec l'extraordinaire originalité de Rembrandt. En dépit des refus dont le jury académique se plaisait, par inconscience et sottise, à écarter ses envois du Salon, Rousseau a poursuivi sa carrière laborieuse, laissant l'âge et la maturité de sa pensée opérer des transformations dans sa manière de voir, au moins autant que le progrès résultant de sa haute probité d'artiste et le progrès de son labeur assidu. Le talent préoccupé et sauvage de sa première jeunesse s'était apaisé, à mesure qu'il pénétrait plus avant dans les secrets de la couleur, aux ressources jamais explorées complètement. Il avait conquis, a dit un critique, la pratique victorieuse qui ne s'arrête plus devant les difficultés de l'expression ; il avait enfin amené son style à traduire son sentiment d'intime poésie.

Chez Dupré, il n'y a ni la béatitude heureuse de Daubigny, ni les nobles angoisses de Rousseau, mais une sentimentalité intermédiaire qui perçoit, sans en souffrir, toutes les tragédies de la nature, et en traduit l'émotion essentielle, avec une vérité incomparable, jusqu'à l'audace. Corot, qui aimait à l'aller voir dans sa maison de l'Isle-Adam, disait avec justesse que Dupré était le Beethoven du paysage. On n'a jamais fait d'un mot plus approprié la synthèse du génie de Dupré.

En ses œuvres, qui sont pour beaucoup des chefs-d'œuvre, tels *le Retour à la ferme* et *la Saulaie*, Dupré a écrit lui aussi sa symphonie pastorale. Il y a des ciels où les nuages semblent suspendus devant l'azur, que l'heure changera autre part en une transparence rosée ; mais il y a aussi des ciels où gronde l'orage, de larges ciels où courent, en une chevauchée folle, les nuages sombres balayés par des vents hurleurs ; il y a les ciels qui paraîtraient opaques et ardoisés, si l'on ne sentait, dans l'amoncellement des vapeurs, des rousseurs d'éclairs, prêts à rutiler dans un grondement effroyable.

Alors, sur la nature, sur les arbres, sur les moissons, sur les bruyères, le soubresaut des choses a son retentissement ; le peintre nous donne parfois le frisson, et même, lorsqu'il ne le fait pas, pour la tempête bruyante et déchaînée, il ne peut s'empêcher d'imposer au spectacle qu'il a sous les yeux, et qu'il interprète d'un pinceau essentiellement maître de lui, encore que préoccupé de s'affiner toujours dans les voies parfaites, il ne peut s'empêcher d'imposer à ce spectacle un caractère de mélancolie pleine d'attendrissement, qui est comme un reflet de son âme.

Je veux ajouter à ce chapitre quelques lignes sur Français, dont Georges Lutz aimait le talent délicat et dont il possède de belles œuvres.

Comme Corot, qui fut son maître et son meilleur ami, Français avait senti l'intense poésie des levers d'aurore et des couchers de soleil ; mais, alors que Corot, encore sous l'influence de Bertin et d'Aligny, faisait éclore, dans l'indication vague des prairies et des bois, l'abandonnée et délicieuse silhouette des nymphes et des bacchantes, Français, tout entier à une inspiration qui ne subira ni faiblesse, ni variation, Français s'enivrait des parfums capiteux et sains des forêts profondes. Dans l'entrelacs des frondaisons vertes, il suivait le vol argenté des oiseaux, et les chansons et les querelles des nids lui mettaient de douces émotions dans le cœur. Parfois, c'est un ruisselet qui l'arrête, c'est la déchirure d'une colline ouvrant son versant sur le front radieux de l'horizon, c'est la mélancolie d'un ciel gris, cherchant en vain à se mirer dans les cailloux polis d'un torrent par l'été desséché. Mais toujours des arbres sont là, de grands arbres aux bras protecteurs, qui versent de l'ombre ou retiennent, quand souffle l'hiver, les flocons de la neige en leurs torsions douloureuses.

Français a été, dès le début, un des poètes les plus passionnés de la belle et souple nature. Son œuvre considérable comporte des pages de tout premier ordre, et ses études ont été parfois des chefs-d'œuvre. Il en est devant lesquelles Decamps, vieilli, s'arrêtait et revenait souvent avec une silencieuse et poignante admiration : « Vois-tu, cela, disait-il un jour à Français, cela est cruel ! »

Et par cette expression, Decamps voulait traduire toute la force patiente, toute la persévérance dépensée par l'artiste, avec une implacable exactitude, à cette anatomie de l'arbre, de la fleur, du brin d'herbe ; c'étaient les choses surprises dans l'activité de la vie ; c'était le sentiment révélé chez les êtres, crus impassibles, de la végétation.

III

J'aborde, sans autre transition, l'œuvre de quelques peintres qui ont eu une conception originale de la figure, et dont les œuvres réunies par Georges Lutz sont pour nous l'occasion d'une étude. Daumier, avec *la Baignade*, *la Sortie de l'école*, *l'Amateur d'estampes*, un chef-d'œuvre ; Bonvin, avec *l'École des Frères*, *l'Alambic*, *la Mère Bion* ; Millet, avec *la Bergère* ; Tassaërt, avec *la Mauvaise nouvelle*, *l'Enfant malade* ; autant de morceaux de choix qui portent toute la mesure d'un talent, et dont le rapprochement fait jaillir de façon tangible des oppositions signalétiques.

Daumier observe la figure dans la société, dans le milieu social où elle se meut, où elle se débat ; il ne la dégage pas des contingences qui l'entourent ; les contingences lui sont au contraire nécessaires pour lui expliquer certains caractères, certains mouvements, certaines attitudes ; il analyse dans ses personnages la part de nature et la part de convention : sa sensation se fait plus complexe, parce qu'elle a deux agents de contrôle, le cœur et l'esprit, le cœur qui sait mal contenir son trésor infini d'humaine pitié, et l'esprit qui laisse déborder sa verve intarissable toujours en éveil.

Tandis que l'imagination de Corot, par exemple quand il peint une figure, se tient pour satisfaite de découvrir la beauté dans la forme essentielle des êtres, sans trop de souci de la vie intérieure, l'imagination de Daumier est sollicitée surtout par les modalités de ces êtres, par leurs accidents, leurs affections, leurs souffrances. Cette imagination est spécialement affective : plus qu'à la beauté des figures, elle s'attache au jeu des physionomies ; l'abondance variée des grimaces, les gravités hypocrites et les fausses tristesses, les gaîtés forcées, le naturel qui s'étudie à paraître tel, les modesties qui ne servent que de masque imparfait à l'orgueil, les empressements derrière lesquels les trahisons font le guet, les douceurs qui promettent des réactions brutales, les caresses mensongères des prunelles et le velouté conventionnel du regard, la duperie des sourires discrets et confits, la colère feinte des jalousies, et les jalousies qui veulent se farder d'indifférence, la franchise et la loyauté apparente enfin, derrière lesquelles s'abritent, comme d'un écran prétendu impénétrable, un tas de cas obscurs ; tout cela, Daumier l'a percé à jour, non pas avec la solennité d'un savant qui mène à bien une entreprise difficile, mais avec un large rire épanoui, une bonhomie communicative, une santé d'âme, qui réjouissent et qui réconfortent.

Avec les figures dont Millet peuple ses paysages et dont nous trouvons un si précieux exemple dans le pastel de la collection Lutz, nous abordons un autre ordre d'idées, et nous sortons de la société, en tant qu'organisation politique, pour rentrer dans le domaine plus général de la nature : il ne s'agit plus de civilisations qui évoluent dans les limites définies d'un cycle d'années, mais d'une race qui se continue, sans modification apparente, sans renouvellement caractéristique, à travers les siècles.

On a répété que Millet avait fait montre d'un réalisme esthétique : je le veux bien, mais encore faut-il qu'on s'entende sur cette formule : « C'est une étrange aberration de langage, a écrit

« un philosophe, que d'honorer du nom de réalisme esthétique
« certaines tendances à ne voir et à ne peindre dans l'homme
« que l'animal, et sembler ainsi croire que là est la vie vraiment
« humaine, où l'homme se débat dans la boue des passions infé-
« rieures sans jamais s'en affranchir par la libre soumission au
« bien. »

Millet s'est gardé d'un réalisme si absolu ; il s'est gardé de mettre dans son art tout ce qui est dans la nature : ayant à donner le type par lequel sa conception comprenait le paysan, le travailleur de la glèbe, qui a, lui aussi, ses liens d'amour et de passions, il a fait un choix, il a groupé ses documents expressifs dans un ordre arrêté en son esprit. Et parce qu'il avait choisi, il a produit une impression profonde, et il a certainement, dans une mesure appréciable, contribué au progrès social par la peinture émouvante de cette misère latente dont il fut le contemplateur au cœur débordant de pitié.

Gœthe l'a dit : « Il n'y a pas de sujet qui n'ait sa poésie, c'est « au poète à savoir l'y trouver. » Et Millet l'a trouvée, et il l'a fixée avec une magnifique ampleur ; la vie toute d'humanité et de fatigue, le fait banal chaque jour répété, il les a transfigurés en les interprétant, de façon qu'un sentiment y soit exprimé et s'en dégage ; et dans ses compositions, qui semblent le plus terre à terre, quant au sujet, il y a quand même un idéal, celui que Michaud, dans sa puissante étude sur l'imagination, définit « l'idéal d'une vie dépourvue d'idéal ».

Chez Tassaert, le trajet de l'émotivité est plus long, la sensibilité se complique ; elle n'est pas provoquée par un choc immédiat, elle n'est pas un effet spontané, elle est un résultat, elle émane d'une sorte de calcul inconscient entre les qualités de perception et la réflexion égoïste de l'individu. Élevé dans le faubourg de la ville, mêlé à la poussée romantique qui a l'enthousiasme bruyant et l'attendrissement aisé, Tassaert ne sent les choses qu'avec la rhétorique et l'emphase chères à ses contemporains ; il y a, en effet, des excès dans la simplicité comme dans la complication : alors que le sentiment semble s'affiner, c'est que celui qui l'éprouve s'admire dans la façon dont il l'éprouve ; les larmes ne se marchandent pas pour la moindre circonstance, mais ces larmes, on les répand moins sur les malheurs qui sont sensés les provoquer, que sur la douceur que l'on trouve à se voir si facilement ému. La romance, où le petit pot de fleurs sur la fenêtre constituait un éden qu'il faisait bon de peupler de confidences saugrenues, n'est pas une invention malicieuse de snob; le besoin de tirer des pleurs de ses propres yeux était au fond de l'âme de la cité faubourienne, et il faudrait y voir un état inquiétant de psychose, si le romantisme n'avait donné l'envolée à des voix géniales, comme le furent les voix de Béranger et de Lamennais.

Tassaert qui, dans un autre milieu, eût peut-être eu une autre inspiration, dut à la vie qui évoluait autour de lui et l'enserrait dans son cercle de fièvre artificielle cette sentimentalité que son talent, adorable d'ailleurs de joliesse et de couleur, nous force d'excuser.

Esprit délicat de pensée, mais volonté sujette à toutes les complaisances envers l'impérieux caprice de la matière, il avait fait des *Paroles d'un Croyant* son livre de chevet, quand il n'avait pas laissé au fond du verre la raison qu'il lui fallait pour lire ; il s'était imprégné du souffle entraînant du philosophe, et ses tableaux, par les émotions qu'ils provoquent, par les événements qu'ils mettent en scène, par le côté dramatique de cette mise en scène, et par la morale aspiration vers un progrès qui mènerait à la béatitude du bien, ses tableaux sont comme des évangiles : le cœur y chante une antienne sainte ; c'est de la métaphysique à l'usage de la démocratie, métaphysique enseignée par un enfant du faubourg à la foi qui ne peut s'affranchir complètement des superstitions populaires.

On a dit que Bonvin avait un génie peu ambitieux : je ne saisis pas bien le sens de cette critique, car la place est bonne qu'il occupe près des frères Lenain, de Chardin, de Pieter de Hoock, de Brouwer et de Jean Steen. Sa couleur est juste, sobre et forte; il a la touche ample et grave, complétant un dessin expressif et correct, accentué comme il doit l'être. Ses partis pris de lumière ne manquent pas d'originalité, et son goût le porte au clair obscur, où il sait mettre en valeur la transparence des ombres.

A un siècle de distance, il a renoué la tradition intellectuelle de Chardin, et s'il n'a pas l'extrême désinvolture de Ribot, il est tout au moins plus solide que lui. Peut-être ses fonds ont-ils quelque pesanteur, et sont-ils d'une matérialité qui nuit à leur profondeur ; mais comme ses personnages sont charpentés ! Regardez son *École des Frères, l'Alambic, les Moines à l'étude !* quelle étonnante solidité dans l'établissement, quelle simplicité vécue dans les attitudes ! Bonvin est un intimiste, au sens le meilleur de ce mot ; il ne subit pas le romantisme de Byron ou de Victor Hugo ; il en tient pour les chansons de Béranger, et c'est encore là une qualité de sagesse et de raison. Il ne nous transporte pas dans la splendeur d'un rêve ; il redoute tout ce qui peut paraître entaché d'emphase, et il nous attendrit quand même, par l'honnête séduction qui se dégage de ses intérieurs, où les jours doivent s'égrener heureux et égaux, où la passion doit se faire complaisante et résignée. Or, c'est bien là tout le mérite cérébral de Chardin : la chose vue, l'habitude du document emprunté autour de lui, une extrême simplicité de moyens qui disent beaucoup de choses, qui disent surtout beaucoup de choses saines.

IV

Après la figure des gens, voici la figure des bêtes ; et trois artistes se présentent, dans la collection Georges Lutz, pour nous édifier sur cet art de laborieuse compréhension : Charles Jacque, Troyon, Barye.

Toute la difficulté d'expression vivante dans l'art de l'animalier consiste à ne donner aux bêtes ni trop de pensée, ni trop peu. Tant que l'homme n'aura pas résolu la question de l'âme des bêtes, — et il se gardera bien de la résoudre jamais, — il y aura quelque danger pour l'observateur qui trouverait de l'esprit à un âne et de la bonhomie souriante à un bœuf. Et cependant, quand on vit quelque peu avec les bêtes, — qui nous comprennent et nous obéissent, et que nous, nous ne comprenons pas, — on ne tarde pas à remarquer le jeu essentiellement varié de leur physionomie ; cette variété est infinie, comme les causes qui y donnent lieu, et c'est parce que Ch. Jacque a osé noter dans ce sens toutes ses observations qu'il est et restera un des maîtres animaliers de la ferme et de la basse-cour les plus puissants et les plus originaux.

Il faut le surprendre dans ses tableaux, ses dessins et ses études, à philosopher en compagnie de ses moutons et de ses poules. Dans l'admirable tableau de la collection Lutz, remarquez la vie de toutes ses bêtes aux laines fumantes, qui se heurtent, dans un désordre, qui semble voulu, à obéir. On dirait d'une bande d'écoliers, empressés avec hypocrisie, zélés intempestivement, pour ralentir un mouvement ordonné. Et tout cela s'exprime, non seulement par des attitudes et par des gestes, mais surtout par des yeux, des yeux qui sont tour à tour enflammés, attendris, résignés, attristés, caressants, graves, souriants.... Ah! qu'on ne nous dise plus que les bêtes ne pensent pas! Nous renverrions ce protestataire mal inspiré aux bergeries et aux fermes de Charles Jacque, qui, d'ailleurs, voyait la nature aussi bien qu'il savait en observer les êtres.

Troyon a conçu l'interprétation de l'animal en dehors de toutes les conventions admises de son temps; il en a fait comprendre les races; il en a pénétré les instincts; il en a écrit, pour ainsi dire, la psychologie, car, en définitive, la philosophie la plus rationnelle ne nous défend pas d'accorder aux bêtes une âme dont elles manifestent l'action par tant d'effets indéniables.

Nul plus que Troyon n'a su nous intéresser à ces êtres silencieux, dont la vie est si intimement liée à la nôtre, et dont le regard porte des effarements et des recueillements. Il les a magnifiées en ses toiles d'une réalisation si simple et si noble, dans tous les actes de leur évolution terrestre, dans leur servitude plus résignée qu'inconsciente. Il a composé avec eux des chapitres d'existence, où les jours et les heures, et les saisons, traçaient les drames et les comédies; il les a enveloppés de paysages largement conçus et brossés, où leur splendeur rayonne : et quand on considère ses premières œuvres, qui sont d'intérêt médiocre, on s'aperçoit nettement qu'elles ne sont que le produit incomplet d'une vocation latente, encore irrévélée; qu'il y manque l'animal, bœuf, vache, mouton, chien ou cheval; qu'il fallait cet animal, pour qu'autour de sa forme précise le paysage sût harmoniser les lignes de ses paysages et la profondeur de ses horizons.

Enfin, Barye, pour qui Georges Lutz avait une prédilection

marquée, se présente ici avec une peinture admirable et des bronzes. S'il est, en effet, une collection spécialement composée pour permettre d'étudier l'œuvre de Barye, c'est bien la collection de Georges Lutz ; rien que des pièces rares, des pièces aux patines incomparables, des pièces qui, généreusement prêtées par le collectionneur à l'Exposition de l'Œuvre de Barye à l'École des Beaux-Arts, ou à l'Exposition Centennale de 1889, ou à l'Exposition rétrospective de l'Art français en 1900, ont toujours provoqué l'admiration des visiteurs. Georges Lutz avait, en effet, fait un choix excellent dans la production du grand animalier ; il avait compris qu'un homme, épris comme il l'était de la haute envergure d'art des maîtres de l'école de 1830, ne pouvait pas séparer d'eux le statuaire qui avait, lui aussi, travaillé à une interprétation plus vraie de la nature; et le bronze, aux patines inégalées depuis, était comme une pédale indispensable dans l'extraordinaire symphonie de couleur dont Georges Lutz offrait à ses regards pénétrants le continuel enchantement. L'amateur avait mesuré tout ce que représentait le patient effort de Barye.

Barye, en effet, fait mieux que marquer une date dans la statuaire du siècle, il évoque l'idée d'un genre qu'il a créé et fait sien, et si tous ceux qui ont vu ses fauves l'apprécient, les heureux amateurs qui possèdent des modèles ou des épreuves de ses œuvres l'aiment avec une véritable passion. Barye a conquis son émancipation des servitudes qui, à son époque, pesaient sur la statuaire.

Mais, pour montrer cette émancipation de l'ouvrier devenu artiste, puis maître, en dépit de toutes les attaques, de tous les déboires, de toutes les difficultés de la vie, et, pour expliquer cette tranquillité dont il ne se départit pas, cette persévérance qui le soutint dans la lutte, cette confiance inébranlable dans la sûreté de son but, la puissance de son tempérament et l'inspiration de son génie, il faudrait des pages et des pages encore.

« La déterminante du génie de Barye, disait un jour le
« regretté M. Destable, alors inspecteur général de l'École des
« Beaux-Arts, c'est la puissance et l'originalité. » Puissance acquise par l'examen attentif des forces qui s'expriment et des mouvements ; originalité unique dans la traduction des bêtes. Car Barye ne se contente pas de représenter un lion, un cheval,

un tigre ; ce qu'il veut, c'est raconter la vie et la force triomphante chez le lion, la vie et la félinité chez le tigre, la vie et l'élégante souplesse chez le cheval ; on sait avec quelle distinction il y réussit.

Pour cela, il avait fait de sérieuses études d'ostéologie, et il se composa par la suite une ostéologie à lui. Il comprit que le mouvement amenait souvent une déformation de la ligne, et il osa s'aider de cette déformation pour indiquer le mouvement. Dès les premiers modèles, les diacres de l'art poncif jetèrent des cris de colère ; mais le public, guidé par quelques indépendants, ne s'y trompa pas et sentit que c'était là le caractère qui ferait de Barye un artiste incomparable et le premier animalier de la statuaire moderne.

D'ailleurs, si Barye était incontestablement plus moderne que son temps, il ne méconnaissait pas les époques antérieures. On pourrait distinguer plusieurs périodes dans sa vie, dans le génie de l'artiste, depuis l'heure où il se souvenait encore du ciseleur d'orfèvrerie, très porté vers le fini du détail, jusqu'à la dernière manière, où le détail ne comporte plus qu'une simple mais déterminante indication, pour laisser toute leur force aux masses, et quand j'ai dit masses, il faut entendre que je ne veux pas parler de dimensions. Dans ses plus petites pièces, Barye a su faire des fauves géants ; il y a de lui des lions qui ne sont pas plus grands que la main et qui, malgré l'exiguïté de la pièce, vous font éprouver une véritable impression d'effroi. Barye est certainement le seul statuaire animalier qui ait eu le génie de nous émouvoir, et cela parce qu'il est demeuré obstinément dans la nature. Il n'a pas cherché à dramatiser les bêtes ; il les a faites telles qu'elles sont, mais il les a faites avec leurs instincts, leur cruauté, leur idosyncrasie, si je puis m'exprimer ainsi. Il avait toujours la vérité pour point de départ, avant d'exécuter d'admirables broderies sur l'ostéologie.

Quant aux procédés de fonte et de ciselure, on peut dire qu'il a été un novateur ou tout au moins un rénovateur. Il a été le grand manipulateur de bronze de notre siècle ; il a appliqué des tons et créé des patines que ses prédécesseurs immédiats ignoraient et que ses successeurs n'ont pas toujours imités heureusement.

V

Une œuvre encore qui sera très remarquée dans la collection Lutz, c'est le *Phébus et Borée* de Meissonier, le voyageur qui s'en va, calme, sur la route, tandis qu'au-dessus de sa tête la tempête conduit la bataille des nuages. Meissonier est tout entier dans ce petit tableau, depuis longtemps célèbre ; on y devine le processus de son inspiration, car, plus que tout autre, Meissonier fut l'homme de son temps, l'homme au cerveau hanté par les préoccupations intellectuelles de son époque. Le romantisme de Victor Hugo et celui de Delacroix l'impressionnèrent ; il lut le premier, regarda le second à travers le réalisme vivant et l'étude étrangement serrée de Franz Hals, de Van Mieris, de Metzu. Il se laissa conquérir par l'héroïsme tapageur qui avait pour théâtre une Espagne de fantaisie ; mais, repoussant tout ce qui était le panache et l'expression sonore et creuse, il nous fit connaître, dans son *Lazarille de Tormès* et, plus tard, dans son incomparable illustration des *Contes Rémois*, comment il comprenait l'interprétation de la vie à des époques où il n'avait pas vécu, comment il voulait la résurrection de cette vie, et avec quelle admirable honnêteté de conscience il avait obtenu cette résurrection. Il se partagea plus tard, sous la fascination littéraire du théâtre de Musset, entre le xvie, le xviie et le xviiie siècles ; il trouvait là à vaincre des difficultés inattendues ; il voulait différencier les êtres en raison même de la différence des costumes, et dans toute la série de ses reitres, de ses bravi, de ses gentilshommes Louis XIII, de ses fumeurs, de ses liseurs, de ses voyageurs, de ses joueurs de flûte, de ses déjeuneurs, de ses joueurs de boules, il a montré une pénétration dont nul autre peintre de notre siècle ne fournit d'exemple. Chacun de ses personnages appartient bien à l'époque où il le fait vivre ; il est bien l'homme de son costume, et l'érudition impeccable du maître voulait que le costume fût bien celui de l'homme.

Je n'en finirais pas si je n'écoutais que mon sentiment, si je me laissais aller à toutes les réflexions que me suggèrent les autres œuvres des maîtres illustres qui ont une place dans cette merveilleuse collection : qu'il me suffise de citer encore l'*Arabe terrassé par un lion*, une page éclatante d'Eug. Delacroix, l'adorable *Portrait de M*^{lle} *de Calonne*, par Ricard; les œuvres d'une couleur si juste de Servin; le *Trompette*, de Géricault — ceci n'est pas un calembour qui serait tout au moins déplacé au sujet d'une peinture qui était en bonne place à l'Exposition des Cent Chefs-d'œuvre de 1883; — les deux *Marines* d'Isabey; les délicieux *Coins de nature*, de N. Diaz, et les Bonvin, et le Chintreuil, et les Courbet, et le Decamps, et la *Caravane* de Fromentin, et les autres tableaux de Robert-Fleury, Ph. Rousseau, Lépine, Ribot, Vollon, etc.

VI

Parmi les artistes vivants, je rencontre MM. Fantin-Latour avec une *Danse d'almées* de tout premier ordre; Jules Lefebvre avec *Jeanne la rousse*, un profil d'une noble allure; Henner, avec des figures de femme, aux chairs enveloppées, comme il a le secret de les peindre; Stevens, avec un petit portrait de femme, qui est un régal délicat; Jacquet, avec une Parisienne, une tête d'enfant et un portrait de femme qui suffiraient à faire aimer sa belle virtuosité; Harpignies et Ziem, chacun avec des chefs-d'œuvre.

Bien que son premier maître ait été Achard, Harpignies, par sa manière très franche et très simple, procède de Corot, de Huet et de Cabat. Parti de Valenciennes, son pays natal, pour le pèlerinage obligé en Italie, il fut profondément émotionné par le pittoresque un peu composé, et paraissant artificiel à force d'expression favorable à l'art, de la campagne romaine.

Il revint cependant de bonne heure à la terre de France, dont il étudia les coins boisés qui plaisaient davantage à sa nature, et il se sentit tout particulièrement attiré vers l'Auvergne, dont il a donné des vues d'une rare distinction. On ne saurait affirmer que partout il s'est tenu dans une expression absolue de vérité, mais il était entraîné à parer cette vérité, par son goût pour les vigueurs de coloration, par son parti pris à rapprocher les plans, dont l'exagération provenait, non pas d'une erreur de l'œil, mais d'une volonté parfaitement libre.

Mais cela n'empêche pas M. Harpignies, cet ami des grands

arbres, dont il a peint, non pas la romance, mais les lendemains d'épopée, d'être un très puissant artiste, d'une exécution d'une extrême et franche habileté, qu'il s'agisse de tableaux peints à l'huile ou d'aquarelles pures, lavées et éclatantes d'harmonie.

Partout, c'est la domination de l'arbre robuste aux majestés d'ancêtres, sur la campagne et la plaine, c'est le geste auguste des branches balançant leur signe berceur de bénédiction et de protection, sous un ciel bleu parfois, et toujours profond et clair ; et tout cela est d'une honnêteté d'art et d'une sagesse de concept qui valent à M. Harpignies une place estimée parmi les paysagistes de notre temps et une garantie de durée à son œuvre. Quant à Ziem, sa *Tour Léandre à Constantinople* et *Venise*, nous disent tout ce qu'il y a de magie chez ce coloriste éclatant.

Lorsque Ziem, — prix d'architecture de la ville de Dijon, en 1839, — eût promené pendant quelques années sa curiosité de Lyon à Marseille, et de Marseille à Venise, puis en Turquie, puis en Asie, puis autre part, — car il fut et il est encore un voyageur endurci ; quand, après quelques années, son habitude d'une étude incessante lui eût mis en main la maîtrise de son art ; alors, sans souci de ce qu'on pouvait dire de lui et autour de lui, avec la seule joie, — une joie qui dure sans lassitude depuis soixante ans ! — avec la seule joie de peindre, il raconta en ses tableaux ses enthousiasmes de couleur, d'atmosphère, de rêve et de réalité ; il vécut dans un monde où il lui sembla bien que tout ce qui existait ne devait se rapporter qu'à son art. Les fleurs et les fruits, le soleil doré et le soleil de feu, la lune qui passe, étincelante et frileuse, dans l'ouate des nuages, au-dessus des eaux miroitantes ; et les belles étoffes, et les nappes bleues de la Méditerranée, les bateaux de Venise et de Constantinople, et les palmiers de Kartoum, et les pâturages de Hollande, et l'enchantement de Venise, la Venise des Doges, la Venise hantée par les souvenirs de l'antique république de broderie et de sang ; et les belles filles au teint bronzé, le col découvert, les bras nus, qui s'en allaient vendre des fleurs du côté du Rialto, et les flamants aux pattes fières, aux ailes roses comme un ciel d'aurore, et les ciels d'azur, les ciels d'incendie, les ciels d'ombre ; tout ce que la création offre de splendeur à l'œil de qui sait y démêler de la splendeur, tout cet infini, incessamment varié, qui évolue et se renouvelle; tout cela, Ziem en fit son modèle, sa chose; il s'y grisa, il y dépensa sans compter son âme et son génie; et pour traduire, ainsi qu'il le sentait, ainsi qu'il le voulait dire, complètement, parfaitement, avec une sorte d'instantanéité dans l'interprétation, il trouva une manière à lui, une manière qui devait, vingt ans plus tard, devenir la loi d'une des plus fécondes écoles que l'Histoire de la peinture ait jamais connues; il fut impressionniste, naturellement impressionniste, magnifiquement impressionniste!

Mais que lui importe, au cher grand artiste, qu'on veuille voir en lui un initiateur d'école et un maître, dans la plus large acception du terme! Il est, il ne veut être qu'un peintre, un peintre éperdument épris de son art, jaloux jusqu'au scrupule de la dignité de cet art, possédant plus qu'aucun autre d'aujourd'hui la technique de cet art, technique des matières employées, technique de la trituration première de ces matières; le reste n'est rien pour lui et n'arrête pas son attention; et sa grande figure plane, radieuse et bonne, dans le ciel étoilé de l'art contemporain.

VII

J'ai réservé pour la fin de cette étude les œuvres de Boilly, qui ajoutent au relief de la collection Lutz. Ils sont tous célèbres, les Boilly de cette collection; on les a admirés à la Centennale de l'Art français, à la Rétrospective de la Ville de Paris en 1900, à l'Exposition de l'Enfance en 1901, et l'on comprend pourquoi l'amateur dont M. Henri Lapauze a dessiné un portrait si vivant s'était attaché avec un enthousiasme ardent à la recherche de ces œuvres qui s'opposaient de si agréable manière aux chefs-d'œuvre qu'il avait réunis de l'École française de 1830.

C'est que les œuvres de Boilly, et les œuvres des maîtres de l'École française de 1830, représentent non seulement des données esthétiques différentes, mais encore deux époques qu'elles caractérisent d'une façon précise.

Parmi les petits maîtres de l'école française, — et par cette qualification de *petits maîtres,* il faut entendre un mode de classification qui n'implique aucune idée défavorable et laisse intacte l'expression d'un art délicat et même élevé, — parmi les petits maîtres de l'école française, il n'en est pas qui mérite, plus que Boilly, l'encens glorieux que les hommes d'aujourd'hui font monter autour de sa mémoire.

Né en 1761, le 5 juillet, à la Bassée, petite ville située à vingt-quatre kilomètres de Lille, Boilly était de famille pauvre, et l'on a peu de détails précis sur ses premières œuvres. Son père était sculpteur sur bois, et c'est sous sa direction que le jeune Louis-Léopold se développa. Il alla ensuite travailler à Douai, puis à Arras, et, sur la proposition bienveillante du décorateur Le Crosnier, vint s'établir à Paris, dans l'atelier de celui-ci. On était en 1785. Après nombre de toiles gracieuses et de larges portraits, le succès lui venant, Boilly se souvint d'une vision chère, quitta Paris, et s'en fut épouser, en 1787, la fille d'un commerçant, Marie-Josèphe Deligne, dont il s'était épris pendant son séjour à Arras. Et il revint à Paris.

Les expositions étaient alors ouvertes à tous les peintres : dès 1791, Boilly envoya plusieurs toiles qui, par la finesse et la fraîcheur de leur coloris, attirèrent sur lui l'attention de la critique. Seulement, le succès n'était pas encore la fortune : les tableaux se vendaient, relativement à ce qui se passe en notre époque, à des prix dérisoires. Aussi était-ce de la reproduction de ses œuvres par les graveurs que Boilly tirait la meilleure part de son revenu. Cette reproduction faillit lui coûter la vie. Le Comité de Salut public s'alarma de voir afficher partout des œuvres « si légères et si contraire aux bonnes mœurs » — paroles graves, qui étonnent à une époque où les bonnes mœurs n'existaient guère que dans la formule hypocrite des principes — et Boilly eut besoin de se justifier énergiquement ; il montra, par l'exécution de son *Marat* — exécution faite à propos — qu'il était honnête citoyen, et il échappa au couperet. Au reste, Boilly avait été jeté en prison ; mais il ne sut jamais pourquoi. Jusqu'en 1800, Boilly exposa chaque année ; mais, surchargé de besogne, forcé d'entreprendre des travaux qui l'ennuyaient, pour gagner le pain des siens, il ne parut plus pendant quatre ans. En 1804, six tableaux signalaient son retour, et, jusqu'en 1824, il fut de nouveau un assidu des Salons : la collection Lutz compte plusieurs tableaux de cette période féconde, où Boilly apparaît avec ses qualités de composition, d'esprit, d'observation, de couleur, qui font que le spectateur est de suite conquis à une irrésistible sympathie pour sa manière, et même pour ses défauts.

Il avait perdu sa femme en 1808, et, en dépit de son labeur constant, demeurait dans une assez étroite médiocrité de fortune. En 1829, il résolut de faire une vente de ses œuvres et de sa collection particulière, qu'il avait formée avec un grand sens de la beauté esthétique, et de cette autre beauté qui prend moins de vol et s'arrête au goût : sa collection se vendit bien, mais ses toiles trouvèrent peu d'amateurs assidus : il était en son pays, et l'on sait, par le proverbe, que nul n'y est prophète. Avec cela, l'ère du romantisme était ouverte ; ce fut la fin du succès déjà contesté de Boilly. Il était trop âgé pour inaugurer une nouvelle source d'inspiration, et il vécut alors en exécutant, pour toutes les classes de la société, de petits portraits dont la ressemblance et la délicatesse faisaient rechercher l'acquisition. On en trouvera dans la collection Lutz quelques-uns qui sont vraiment délicieux.

Boilly, en 1805, avait reçu une médaille d'or de première classe ; en 1833, Louis-Philippe le fit chevalier de la Légion d'honneur. Enfin, le 4 janvier 1845, à quatre-vingt-quatre ans, le vieil artiste s'éteignit, on peut le dire, le pinceau à la main. « C'était un homme aimable et bon », a écrit M. Dinaux ; c'était également un homme de son temps. Que l'on regarde le portrait qu'il a fait de lui-même — le joli dessin qui fait partie de la collection Lutz, c'est plus qu'une individualité, c'est un type. La face est loyale ; les traits seraient vulgaires, s'il n'y avait au coin de la lèvre tant de malice, et dans les yeux tant de sourire espiègle. Boilly aimait la plaisanterie ; il n'était pas ennemi des propos égrillards et des gestes vifs ; mais il avait un tact mesuré qui fit souvent défaut à ses contemporains ; il avait la délicatesse, la grâce et le goût. La sentimentalité, qui n'est point sans charme de vieille romance, et que l'on rencontre dans beaucoup de ses tableaux (*Maternité, l'Heureuse famille, Jour de fête,* etc.), n'était point artificielle, mais sincère, — et c'est pour cela qu'elle nous enchante — car Boilly alliait, en effet, à sa gaîté nullement méchante, un fond de tendresse qui est le privilège de la classe sociale à laquelle il appartenait.

J'ai dit qu'il était surtout un homme de son temps : quel était donc ce temps ? Il y avait alors en présence plusieurs aspirations qui se partageaient le goût public. L'effort des archéologues avait apparemment triomphé; on se tournait, avec une admiration juste, quoique souvent incomprise des plus fervents admirateurs, vers les reliques arrachées au long silence de l'antiquité ; tout ce qui était exhumé — et par cela seul qu'il était exhumé — avait droit au respect, fût-il aveugle ; on en parlait comme d'une chose mystérieuse, dont le mystère devait recéler quelque splendeur encore irrévélée, et les mots qui arrivaient aux lèvres avaient la ferveur d'expression que, jusque-là, on réservait au verbe de la prière. Une statue mutilée, un vase étrusque, un bijou grec ne réunissaient pas autour d'eux les adorateurs, la statue, parce que dans les plis des draperies ou l'harmonie des formes, elle rayonnait de l'éternelle beauté ; le vase, parce qu'il portait, sur ses courbes d'une incomparable élégance, des figures qui disaient la vie palpitante, à l'aide d'une extraordinaire synthèse d'écriture ; le bijou grec, parce que, dans la façon dont le métal était traité, il trahissait un métier arrivé à sa plus parfaite expression, un art vraiment surprenant, quant au sens de l'application et de la stylisation décoratives; cette statue, ce vase, ce bijou, n'attiraient les adorateurs que parce qu'ils étaient antiques, que parce que le travail des fouilles les avait réveillés du long sommeil qu'ils dormaient, sous le sol nivelé des civilisations mortes.

A côté des archéologues, il y avait, suivant la solennelle emphase de David, ceux dont les appétits étaient tournés vers les héros; les secousses sociales de la Révolution et le souffle d'enthousiasme de la nation, qui avait tenu tête aux envahisseurs, et s'en était allée porter ses armes glorieuses très loin de la patrie, avaient entraîné les esprits vers le paganisme chimérique où les efforts extra-humains étaient accomplis par des êtres à qui il fallait une puissance plus qu'humaine.

S'opposant à l'école de David, qui, un temps, avant d'être un artiste, voulut que son rôle fût d'abord d'être un citoyen, il y avait Prud'hon, doux génie, à l'âme inspirée et pure, que son idéal portait surtout à une mythologie moins ardente, la mythologie des belles déesses qui président aux choses du temps et aux choses du cœur, celles qui forcent les hommes à lever les yeux vers un ciel tout peuplé de beautés bienfaisantes, pour qu'en retour ces beautés, aux mains qui peuvent tout, daignent abaisser sur l'humanité des regards de tendresse et de protection.

Avec Boilly, en compagnie de ses épisodes d'histoire publique, de ses anecdotes de chronique intime, où sa verve improvise, inépuisable, nous revenons à un sens de la vie plus rapproché de la réalité. Il n'est plus question de Vénus mutilées, de guerriers à casques empanachés, de poèmes mélancoliques perdus dans l'emparadisement du symbolisme païen; nous ouvrons une porte, nous pénétrons dans un foyer : le décor qui nous entoure est fait de meubles qui nous sont familiers; ici, c'est la jeune mère qui allaite son dernier-né, tandis qu'autour d'elle d'autres enfants jouent, se pressent par une caresse, ou même se querellent pour une assiettée de bouillie; là, c'est une jeune femme qui essaie, dans un geste de coquetterie bien maternelle, des fleurs dans les cheveux d'une fillette qui lui sourit de toute sa naïveté pure, de toute sa joliesse tendre.

D'autres fois, il nous conduit sur la voie publique, aux jours de fêtes où l'on distribue gratuitement le saucisson démocratique et le mélodrame ; et ce sont d'étonnantes mêlées, d'extravagantes curées, dont il dit avec vérité les heurts violents et les triomphantes brutalités.

D'autres fois, encore, comme dans le *Jardin Turc*, il montre, près de l'endroit où l'on distille le plaisir, la bourgeoisie honnête, inconsciente de la joie tarifée qui se débite de l'autre côté de la muraille, et pleine de respectabilité, dans son bien-être à respirer l'air du soir...... et la poussière du faubourg.

Et ici ou là, où tout est vie et palpitation, la femme apparaît comme il l'a vue, et comme il a eu l'esprit de la comprendre : ce sont des jeunesses accortes, ingénues et rusées, passionnées et maîtresses d'elles-mêmes, ayant des détresses de cœur qui s'achèvent dans un sourire, des blessures éternelles qui, le soir, sont cicatrisées, de perfides trahisons qui s'oublient dans un baiser ou un serrement de main; elles sont là, mutines et terribles, charmeuses et cruelles, donnant, comme en se jouant, de l'enchantement ou de l'angoisse; fleurs capricieuses dont la griserie, parfois va jusqu'à la souffrance, moqueuses et sincères à la fois; à la fois femmes, mères, bonté, mensonge, courage, dévouement!

Et, pourtant, tout en disséquant l'âme de la femme, qu'il a profondément observée, Boilly jamais ne se laisse aller à une expression amère : il n'est pas un philosophe pessimiste, il est un philosophe indulgent, ayant toujours l'excuse juste et le mot qui désarme en vous faisant rire ; qu'il nous introduise dans l'humble chambre où rayonne le bonheur, où la bonne tendresse a préparé le berceau, où le berceau gazouille ses plus caressantes litanies, alors Boilly est délicieusement humain ; il dissimule, sous d'infinies coquetteries, l'émotion qu'en brave homme il ressent, et que, par amour-propre pour le siècle dont il a connu la galanterie sceptique à son déclin, il se défend, heureusement pour nous, de manifester avec une bourgeoise sincérité.

Son idéal ne se hausse pas aux spéculations de la vie généralisée ; il voit les individus, il les prend dans leur expansion essentiellement physiologique ; il écoute leur cœur battre à l'unisson du sien, il parcourt de ses mains de virtuose tout le clavier de l'amour, et il nous dit à sa façon tout le mystère des êtres. C'est en cela qu'il a sa place marquée parmi les petits maîtres, ceux qui n'ont pas d'ailes pour s'envoler vers les régions de la légende et de l'infini, mais ceux qui marchent d'aplomb sur le sol, sans oublier qu'en leur âme, comme un viatique pour leur passage terrestre, brille une petite étincelle d'en haut. Voilà ce qu'on trouve dans la belle série de tableaux de Boilly, dont la collection Lutz est en droit de s'enorgueillir : ce sont des œuvres devant lesquelles on doit s'arrêter un long temps ; parce qu'à leur examen, lorsqu'on s'est enivré du charme d'art qui se dégage d'elles, on s'aperçoit, je le répète, qu'elles sont évocatrices de toute une époque, et qu'elles renouent, par une tradition à peine transformée, le dernier sourire du xviiie siècle au premier bégaiement du xixe.

. . .

Telle est cette collection admirable, à la formation de laquelle Georges Lutz, en amateur sincère et avisé, avait donné ses soins assidus. Elle va être dispersée : chacune des œuvres qui constituent sa parure va trouver une place en de nouvelles collections : puissent-elles y être aimées, ainsi qu'on les aimait rue Beaurepaire. Leur condition, il est vrai, n'est plus la même. Beaucoup d'entre elles, au jour où Georges Lutz les accueillit, étaient ignorées, dédaignées presque ; les artistes qui les avaient signées, tel Jongkind, étaient des gens à qui l'opinion ne rendait pas encore pleine justice, et il fallut rien moins que la volonté inébranlable de Georges Lutz pour modifier, à leur avantage, un goût qui leur était nettement hostile. Aujourd'hui, les voilà célèbres : il y aura un frémissement de curiosité quand on les présentera aux enchères ; c'est là ce qu'il convenait d'indiquer, ne fût-ce que pour rendre à la mémoire de Georges Lutz un hommage reconnaissant, si amplement mérité.

L. Roger-Milès.

Mars 1902.

TABLEAUX

AUBRY
(E.)
1745-1781

N° 1

La Jolie Laitière.

En corsage rouge décolleté, la tête couverte d'une coiffe blanche, la jolie laitière est en train de faire boire, à la mesure même, un enfant aux cheveux roux, qui est vu de profil et tient dans ses mains un pichet de grès. L'ânesse, qui porte un bât pesant, la laitière et la laiterie, semble attendre avec résignation que l'enfant ait achevé de boire.

Toile. Haut., 39 cent. 1/2; larg., 31 cent. 1/2.

BOILLY

(LOUIS)

1761-1845

N° 2

Distribution de vin et de comestibles aux Champs-Élysées (1822).

Quelle foule! Quelle bousculade! Que de horions échangés sous le regard placide des gendarmes, qui pourront témoigner de l'appétit national. Pour certains, il y a peut-être un besoin ; pour d'autres, c'est l'occasion d'exercer un biceps civique, de donner du jeu à des poumons démocratiques, de pratiquer la fraternité en attrapant au vol ce qui était pour le voisin, et l'égalité en montant sur les épaules d'un autre, afin d'arriver avant lui jusqu'aux distributeurs. Il en est pourtant dans cette foule qui ont obtenu plus qu'ils ne méritaient et absorbé plus que de raison ; mais dans cette ivresse, qui se mêle à des cris de colère, à des gestes de fureur, voici que les spectateurs se glissent, jeunesses aimables qu'un hoquet trop familier fera se détourner, galants jeunes gens qui viennent quêter dans cette foule des sourires et des flirts. Et tout cela par un beau jour de soleil, qui sourit dans le ciel bleu, au-dessus des frondaisons épaisses, pleines de nids en fête.

Signé à droite, en bas : *L. Boilly, 1822.*

Toile. Haut., 96 cent.; larg., 1 m. 30.

Dans un compte rendu du Salon de 1822, on lisait :

« Tout ce peuple bruyant et tumultueux est amoncelé près d'une tribune, et l'on y voit mieux que partout ailleurs que la raison du plus fort demeure la meilleure, car ce sont les plus intrépides qui s'échafaudent les uns sur les autres, écartent des pieds et des mains tout ce qui s'oppose à leur passage, parviennent à conquérir par des voies de fait bien caractérisées un broc de vin ou bien du saucisson. »

(Cité par M. H. Harrisse : *Louis Boilly.*)

Salon de 1822.
Exposition Centennale de l'Art français, 1900.

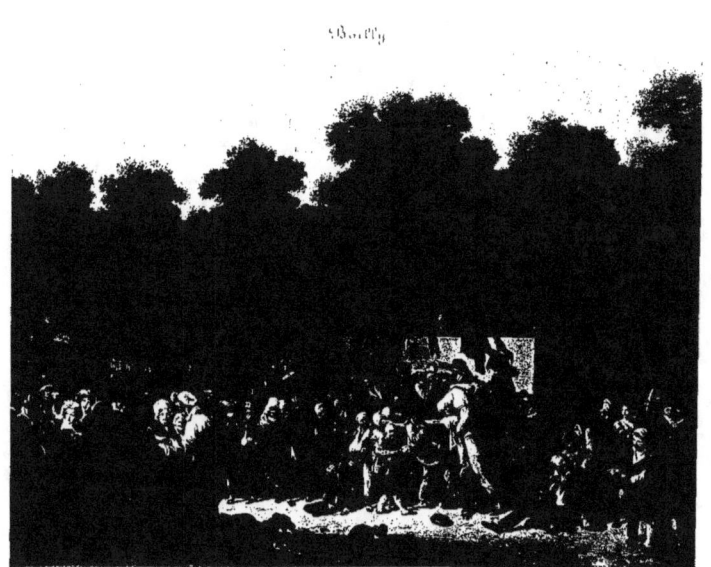

Distribution de vin et de comestibles
aux Champs Elysées 1822

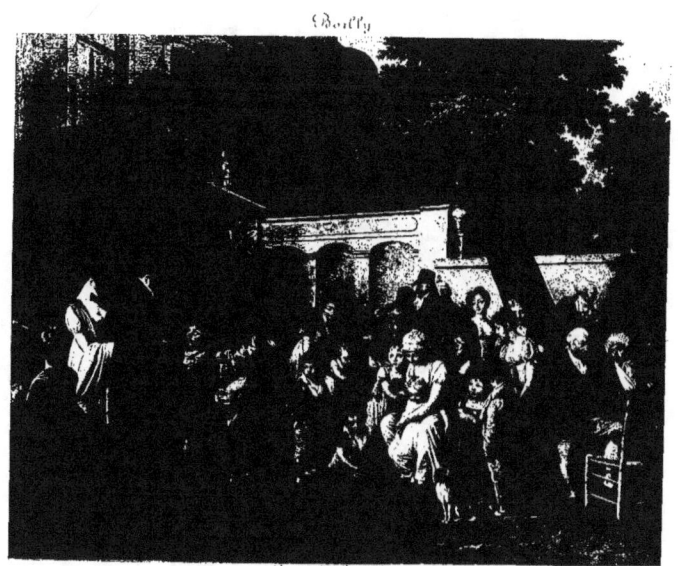

BOILLY

(LOUIS)

N° 3

Le Jardin Turc.

Au premier plan, au milieu, un petit vielleux fait danser des pantins, et des enfants se sont massés autour de lui ; mais le vrai spectacle n'est peut-être pas là : il y a dans le public, dans les groupes qui demeurent en dehors du jardin turc, des types qui disent toute la vie, avec ses hasards, ses tristesses, ses convoitises et ses jalousies, ses gaietés insouciantes et ses amertumes, contre lesquelles il n'est pas de remèdes. Et tout cela, pour le peintre qui s'est représenté lui-même en un profil intelligent, placé à droite, tout cela est motif à observations spirituelles, à mouvements d'une élégance naturelle, à recherches d'une grâce spéciale, qui fut la plus pure expression de la beauté à son époque, une beauté qui avait l'ingénuité savante et la pudeur facile.

Signé à droite, en bas : *L. Boilly, 1812*.

Toile. Haut., 75 cent.; larg., 93 cent.

Dans un petit livre, *La Vérité au Salon de 1812*, on lit ceci :

« Il y a une quinzaine d'années à peu près que ce jardin, par les attraits de la nouveauté, attirait les élégantes et les bourgeois retirés du Marais. Chaque soirée offrait une réunion de personnages curieux par leurs habitudes. M. Boilly, qui habitait le voisinage, 12, rue Meslay, a eu l'idée de reproduire ce qu'il voyait fréquemment : le grand-père, la canne entre les jambes et spectateur immobile des passants ; la jeune bonne entourée d'enfants ; le petit joueur de vielle donnant en plein air une représentation de marionnettes, que son genou fait mouvoir ; et les élégantes en toilette, prenant le bras d'un cavalier galant. Tableau charmant sous tous les rapports. »

(Cité par M. H. Harrisse : *Louis Boilly*.)

Vente Boilly, 1829.
Collection Chérie.
Collection de Mme de Vaux.
Exposition pour les inondés du Midi, 1887.
Exposition rétrospective de la Ville de Paris, 1900.

BOILLY

(LOUIS)

N° 4

L'Entrée du Théâtre de l'Ambigu-Comique à une représentation gratuite.

Devant la porte du théâtre, c'est une cohue que les gendarmes ne cherchent pas à dominer. Hommes et femmes se bousculent pour pénétrer dans le théâtre. Il y a des gens écroulés sur le sol et des chiens que cette animation, vraiment blessante, oblige d'avoir la dent cruelle. A gauche, quelques figures de bourgeois se recréent à ce spectacle inaccoutumé.

Signé à droite, en bas : *L. Boilly, 1819*.

Toile. Haut., 61 cent. 1/2 ; larg., 79 cent. 1/2.

M. Henri Harrisse cite à propos de cette œuvre, dans son bel ouvrage sur Boilly, quelques lignes qui sont à reproduire :
« Scène d'après nature digne du pinceau de Téniers. Comme ils se pressent, ces gens du petit peuple, avides de mélodrames. La Gaîté joue gratis, et quelle pièce : *Les Macchabées*... Je sais bon gré à M. Boilly de cette bamboche. »

(Jal, *L'Ombre de Diderot et le Bossu du Marais*, 1819.)

« Toutes les parties de sa composition sont également soignées ; il n'a su rien sacrifier. Quoi qu'il en soit, son *Ambigu-Comique*, un jour de représentation gratuite, ne manque pas d'effet et encore moins de vérité... Le jeune homme et la dame qui prennent en dehors leur part du spectacle sont bien posés. L'habit français sur le premier ne manque pas de grâces. Il y a de l'air, du tapage dans ce petit cadre. »

(Kératry, *Annuaire de l'École française de peinture*, 1820.)

Dans la lithographie qui a été faite du tableau par Adam, le titre est : *Le Spectacle gratis*.

Salon de 1819.
Collection du duc de Berry.
Vente de la duchesse de Berry, 1865.
Exposition Centennale de l'Art français, 1900.

Boilly

L'Entrée du Théâtre de l'Ambigu Comique
à une représentation gratuite

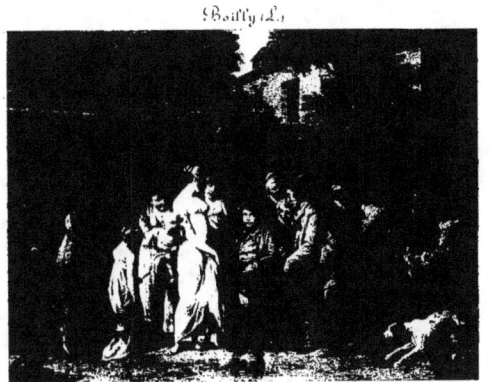

Les Petits Savoyards

BOILLY

(LOUIS)

N° 5

Les Petits Savoyards.

Ils s'en vont à travers la foule, les petits Savoyards joueurs de vielles et montreurs de marmottes, mais bien des gens les laissent passer sans s'intéresser à leur misère. Il faut deux belles jeunes filles, comme celles qui occupent le milieu du tableau, pour qu'un mouvement de pitié s'élève en leur faveur. Ces jeunes filles, vêtues de robes blanches et jaunes amplement décolletées, servent de rempart à un bébé que la marmotte pacifique a cependant le don d'effrayer. Dans le fond du tableau, on voit passer toute une foule de personnages.

Signé à droite, en bas : *L. Boilly, 1807.*

Panneau. Haut., 23 cent. 1/2 ; larg., 32 cent.

Lithographié par Wattier, sous ce titre : *Savoyards montrant la marmotte.*

Vente du château de Rosny, 1836.
Vente A., 1859.
Vente J. Halphen, 1876.
Exposition rétrospective de la Ville de Paris, 1900.

BOILLY

(LOUIS)

N° 6

La Main chaude.

On se distrait en famille. Sur une chaise, à gauche, une jeune femme est assise, vue de profil à droite. Elle est vêtue d'une jupe marron et d'une camisole blanche en partie cachée par un fichu de soie rouge. Ses cheveux sont enfermés dans un bonnet de mousseline, dont les brides sont attachées sous le menton. Elle tient cachée sous un tablier gris bleu la tête du jeune homme courbé en deux, qui expose sur son dos sa main gauche aux tapes que les joueurs s'apprêtent à donner. C'est d'abord un homme d'un certain âge, à favoris courts et dont la main se lève menaçante; puis, c'est un jeune garçon qui lui-même est tenté de frapper. Autour de ces joueurs, il y a, attentives, une vieille femme dont les cheveux gris sont enfermés dans une marmotte; une jeune mère qui porte dans ses bras son enfant endormi; une jeune fille qui s'appuie contre un joueur, câline et curieuse; une fillette qui, elle aussi, voudrait bien y aller de sa tape : enfin, derrière la femme assise, on aperçoit un homme dont la tête se penche en avant, comme pour souffler au patient le nom du frappeur.

Signé en bas, vers le milieu : *L. Boilly*.

Toile. Haut., 44 cent.; larg., 54 cent.

Salon de 1824.
Vente Boilly, 1845.
Vente Bleymuller.

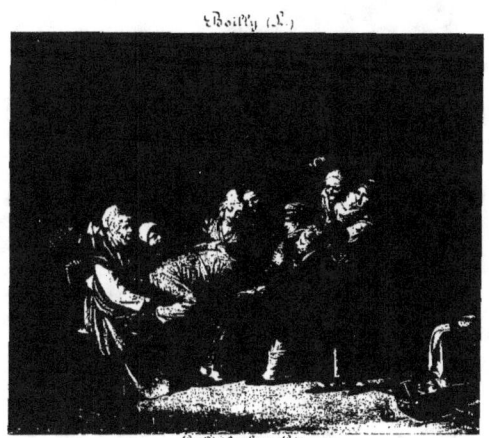

La Main Chaude

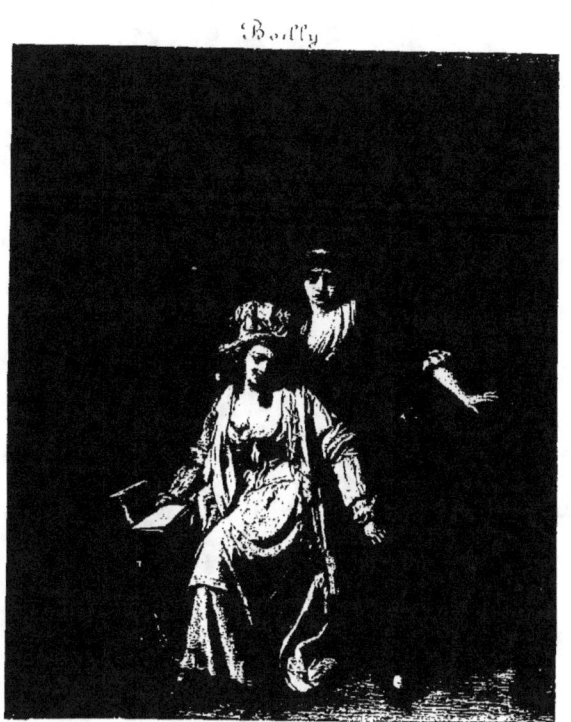

La Frayeur

BOILLY

(LOUIS)

N° 7

La Frayeur.

Elles sont deux jeunes femmes, dans une chambre, à causer; l'une assise, vêtue de blanc, encore en bonnet de nuit, se distrait de sa lecture pour examiner un singe qui montre les dents, d'un siège qu'il occupe. Près de la jeune femme, une autre, debout, en jupe grise, corsage blanc et châle noir, ne semble nullement rassurée devant l'attitude menaçante du quadrumane qui effleure sa jupe grise de sa longue patte ; dans ses cheveux blonds, elle a passé un ruban vert.

Toile. Haut., 30 cent.; larg., 22 cent.

Gravé par Mixelle, sous le titre de : *La Crainte mal fondée.*

Vente baron de Cipierre.
Vente Laurent-Richard, 1873.
Vente Bonneau, 1876.
Exposition rétrospective de la Ville de Paris, 1900.

BOILLY

(LOUIS)

N° 8

La Peur du chien.

L'enfant blond jouait avec le chien qui voulait attraper sa balle, et voici que l'enfant, au moment de défendre sa balle, se prend à avoir peur du chien; il s'est réfugié auprès de sa mère, sur le parapet de la terrasse qui domine le parc. L'enfant se presse, souriant, près de la jeune femme vêtue d'une robe de satin blanc et d'un châle noir à rayures rouges. Au dernier degré de l'escalier, on aperçoit le chien qui tend la tête et semble inviter l'enfant à venir reprendre la partie interrompue.

Toile. Haut., 31 cent. 1/2; larg., 23 cent. 1/2.

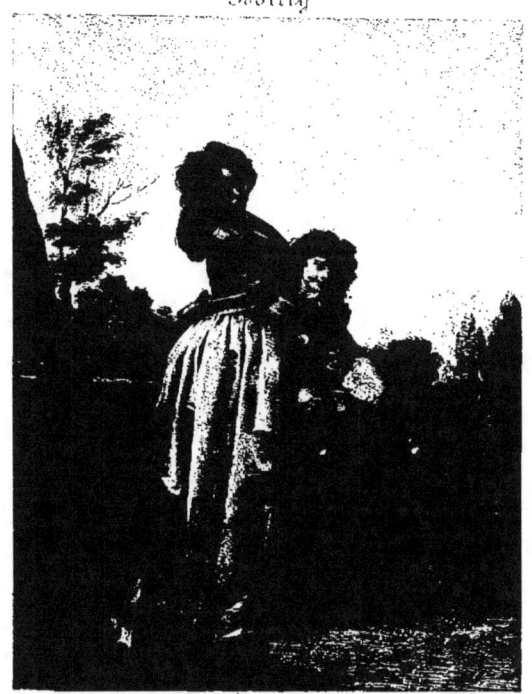

La Peur du Chien

BOILLY

(LOUIS)

N° 9

La Récompense.

Peut-être pour obtenir que l'enfant accepte sans pleurer de rester seule, la jeune femme lui offre une pomme qu'elle tient encore de sa main droite gantée. La fillette, en robe blanche, la main droite près de la bouche en un geste gourmand, embrasse dans un même regard la pomme et la jeune femme qui va la lui donner.

Celle-ci, vue de profil, est vêtue d'une jupe de soie gorge de pigeon, d'un corsage rouge, d'une ceinture Régence en velours noir ; elle est coiffée d'une capote de feutre vert et de rubans de même couleur. Derrière elle, sur une table, un pupitre à musique et un luth à seize cordes.

Panneau. Haut., 40 cent. 1/2 ; larg., 32 cent.

Lithographié par Testard, sous ce titre : *S'il vous plait ?*

BOILLY

(LOUIS)

N° 10

Fête de famille.

La jeune mère avec ses enfants s'en était allée cueillir des fleurs, et voici qu'au retour elle essaye dans les cheveux blonds de sa fille, — quinze ans, l'âge de Juliette ! — une rose ; elle tient le menton de l'enfant dans un geste de caressante autorité. Toutes les deux, la mère et la fille, sont vêtues de blanc, ceinturées très haut sous la gorge et amplement décolletées. A droite, assis par terre, un jeune garçon en culotte de peau et veste de drap à parements de velours, les contemple toutes deux et porte de la main gauche une lourde couronne fleurie. Derrière la mère, une fillette de cinq à six ans se console d'être oubliée pour l'instant, en suçant ses doigts, avec une moue jalouse et triste. Au fond, on aperçoit un paysage conçu dans la convention italienne : vallées, montagnes, usine de briques sur un sommet, etc.

Toile. Haut., 34 cent.; larg., 27 cent. 1/2.

Vente Vincent, 1877.
A appartenu au baron Leduc.

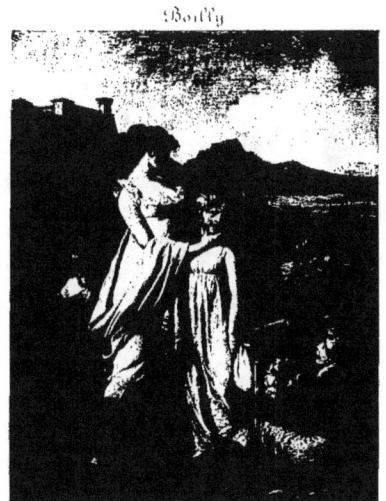

Fête de Famille

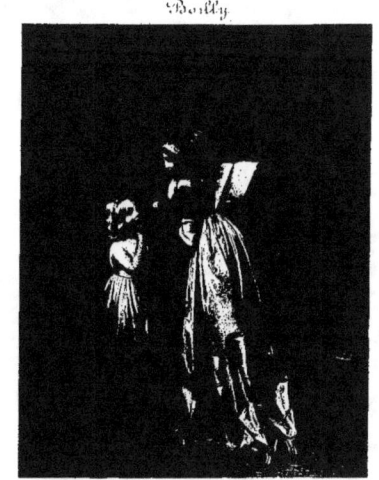

La Récompense

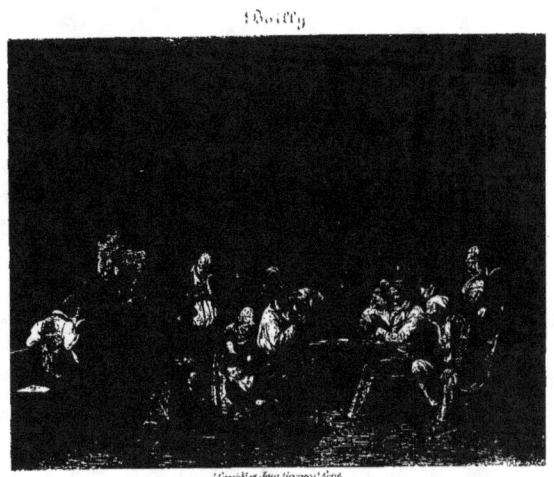

BOILLY

(LOUIS)

N° 11

Le Cabaret.

Des tables ; de chaque côté, des hommes et des femmes assis sur des bancs et jouant aux cartes, même à d'autres jeux moins innocents ; au premier plan, un petit joueur de vielle fait danser un pantin sur un fil que remue sa jambe, et il distrait par cela les enfants, que les plaisirs, goûtés autre part dans le cabaret, eussent pu troubler.

Toile. Haut., 37 cent.; larg., 46 cent.

BOILLY

(LOUIS)

N° 12

L'Heureuse Mère.

Dans la pièce au mobilier pauvre, la jeune femme est assise, le visage empreint de bonheur attendri. Son corsage amplement ouvert offre aux regards la splendeur de sa gorge maternelle. Vers elle, un bébé aux joues roses, — toutes les joues, — tend ses petites mains et se laisse porter par sa petite sœur à la figure espiègle. Un bambin, appuyé entre les genoux de la mère, s'amuse à faire aboyer le chien en le menaçant de son pied taquin. Enfin, sur le tablier vert qui cache sa jupe grise, l'heureuse mère porte encore un chat blanc, qui ne semble guère disposé, si l'on en croit la vivacité de son regard, à céder cette bonne place de faveur.

Signé en bas, vers le milieu : *Boilly f.*

Toile. Haut., 22 cent.; larg., 17 cent.

BOILLY

(LOUIS)

N° 13

Maternité.

Une jeune femme est assise de profil à droite, sur une chaise, le coude droit appuyé sur un tonneau. Elle est vêtue d'une robe bleue, d'un corsage havane, d'un fichu rouge. Ses cheveux noirs débordent d'un bonnet à ruche blanche, en partie caché sous une coiffe bleue. Cette jeune femme donne le sein à un enfant blond et frisé qui, pour ne rien perdre du régal, y met sa bouche goulue et ses deux menottes curieuses. A droite, un gamin et une fillette, debout de chaque côté d'une écuelle à soupe, semblent ne pas faire bon ménage, si l'on en croit le geste énergique d'une cuillère à pot levée, menaçante.

Signé à droite, au milieu, sur la traverse d'une porte : *Boilly, 1796.*

Panneau. Haut., 3o cent. 1/4; larg., 22 cent. 1/2.

Collection de M. H. Roussel, sous le titre de :
Scène d'intérieur, *1885.*
Est également connu sous le titre de : Une Mère et ses trois enfants.

BOILLY

(LOUIS)

N° 14

Un Coin du Café Foy.

Assis devant des tables, les consommateurs sont occupés diversement. L'un s'absorbe dans la lecture d'une feuille publique, l'autre boit avec une mine de gourmet du café dans une soucoupe, un troisième se contente de poser pour la galerie et son voisin a des airs de réflexions profondes.

Panneau. Haut., 22 cent. 1/2; larg., 17 cent.

C'est là un détail du tableau intitulé : *L'Intérieur d'un café* (Salon de 1822), que le poète Vatout avait chanté en des vers plutôt médiocres, et qui fait partie de la collection du Musée Condé, à Chantilly.

Exposition rétrospective de la Ville de Paris, 1900.

BOILLY

(LOUIS)

N° 15

Portrait de la fille du peintre.

Elle est vue jusqu'à mi-corps, de trois quarts à droite, la tête tournée presque de face. Elle est vêtue d'une robe blanche dont les manches sont retenues au-dessus du coude par des nœuds de ruban bleu. Ses cheveux châtain clair tombent en désordre sur son front et sur ses épaules, encadrant ses joues roses, son regard bleu, sa bouche souriante et son petit menton rond.

Toile. Haut., 45 cent.; larg., 37 cent.

Exposition rétrospective de la Ville de Paris, 1900.

BOILLY

(LOUIS)

N° 16

Portrait du fils du peintre.

Il est assis à une table, en veste grise, la chemise déboutonnée. Il est vu jusqu'à mi-corps; il a l'air sérieux et réfléchi; il croise ses deux petites mains sur une feuille de musique, quelque sonate de Couperin, dont le rythme aura donné à sa jeune expérience quelque fil à retordre. Ses cheveux châtain clair tombent en mèches souples et désordonnées sur son front intelligent.

Toile. Haut., 45 cent.; larg., 53 cent 1 2.

On sait que le fils de Boilly fut un musicien distingué, qui obtint au concours le prix de Rome.

BOILLY

(LOUIS)

N° 17

Portrait d'homme.

Il est vu jusqu'à mi-corps, assis, presque de face : son gilet blanc et sa chemise à petits plis apparaissent sous son habit noir boutonné. Son cou et sa nuque sont engoncés dans l'énormité du col et de la cravate. Il a la figure rasée, sauf deux courts favoris, qui semblent un prolongement des mèches temporales. Ses cheveux légers, coiffés avec un désordre voulu, sont châtains avec quelques reflets fauves.

Toile. Haut., 26 cent. 1 2 ; larg., 22 cent 1 2.

BOILLY

(LOUIS)

N° 18

Portrait d'homme.

Vu jusqu'à mi-corps, de trois quarts à droite, il est vêtu d'un gilet noir qui apparaît entre les revers du spencer marron. Il a la figure rasée de frais et les cheveux châtain clair embroussaillés.
Signé à gauche, vers le bas, au-dessus de l'épaule : *L. Boilly*.

Panneau. Haut., 21 cent.; larg., 16 cent 1/2.

BOILLY

(LOUIS)

N° 19

Portrait de femme.

Au dos de la toile, on lit : « Françoise-Gabrielle des Courtils de Bessy, née au château de Bessy, le 21 janvier 1747. Décédée à Châlons-sur-Marne, le 28 décembre 1833. » Elle est représentée à mi-corps, de face, en capeline de dentelle et en cachemire blanc avec des accroche-cœur disposés autour du front.

Toile. Haut., 27 cent.; larg., 21 cent.

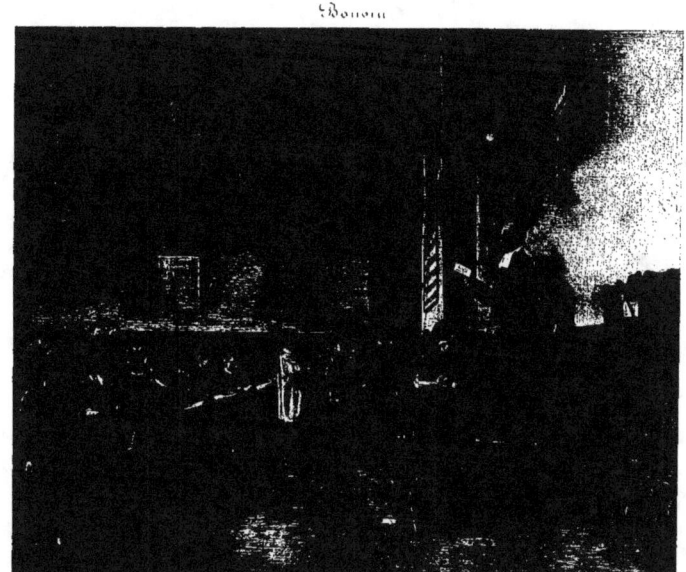

L'École des Frères

BONVIN

(FRANÇOIS)

1817-1887

N° 20

L'École des Frères.

Les gamins sont assis à leurs pupitres, occupés à travailler ou à se distraire ; le frère se tient debout dans sa chaire et fait réciter sa leçon à un enfant, debout également ; dans un coin de la classe, un jeune moniteur, une baguette à la main, enseigne l'alphabet aux retardataires. Au premier banc de la classe, on remarque trois enfants de troupe, dont l'uniforme met une note éclatante parmi les blouses bleues des autres élèves.

Signé à droite, en bas : *F. Bonvin, 1873.*

Toile. Haut., 73 cent.; larg., 92 cent.

BONVIN

(FRANÇOIS)

N° 21

Les Moines à l'étude.

Devant de vieux livres ouverts, le moine, vu de profil à gauche, est assis et travaille ; il est éclairé par les carreaux ensoleillés d'une fenêtre placée devant lui. Au mur de ce cabinet, une carte de géographie est suspendue ; sur une planche, sont rangés des livres, des parchemins à sceaux de cire rouge, une mappemonde, des alambics à distiller, des bocaux, etc.

A droite, par la porte ouverte, on aperçoit dans une pièce voisine, toute pleine de lumière, deux moines debout, le tablier de laboratoire sur leurs robes de bure, en train, chacun d'un côté d'une table, de broyer des simples dans un mortier.

Signé à droite, en bas : *F. Bonvin, 1872*.

Toile. Haut., 54 cent.; larg., 46 cent. 1/2.

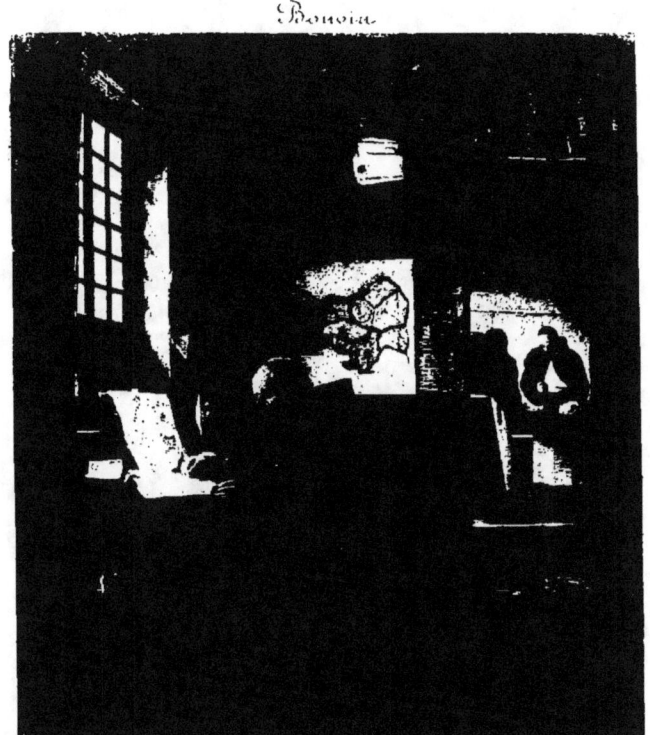

Les Moines à l'Étude

BONVIN

(FRANÇOIS)

N° 22

L'Alambic.

Dans une officine au toit lambrissé, un moine est assis, de profil à gauche, attisant, à l'aide d'un soufflet, le fourneau sur lequel chauffe un alambic à distiller, en cuivre rouge ; la fenêtre à rideaux rouges est ouverte, pour permettre au tuyau du fourneau d'évaporer les gaz ; dans le fond, autour d'une table couverte d'une nappe blanche, un moine examine le contenu d'une cornue ; un autre, assis, écrit ; un troisième, debout, vu de dos, semble dicter.

A droite, au fond également, par la porte ouverte, un autre moine monte, portant une cruche de la main gauche et s'appuyant de la main droite à la rampe.

Sur le sol, aux premiers plans, deux bonbonnes, dont une au goulot muni d'un entonnoir, et une terrine ; près du fourneau, une cornue de grès.

Signé à gauche, en bas : *1874, F. Bonvin*.

Toile. Haut., 59 cent.; larg., 50 cent.

Collection Tabouriez.

BONVIN

(FRANÇOIS)

N° 23

La Lecture du missel.

Ils sont deux jeunes garçons, intéressés à feuilleter un vieux missel aux tranches rouges. L'un, assis sur un tabouret bas, est vêtu d'un pantalon et d'une veste brunes et coiffé d'un képi noir ; il tient sur ses genoux le gros in-folio ouvert. L'autre est debout, vu de face, la tête aux cheveux blonds penchée en avant ; il est vêtu d'une blouse bleue, serrée à la taille par une ceinture de gymnastique. Sur le sol, quelques livres posés au hasard.

Signé à droite, en haut : *Bonvin*.

Panneau. Haut., 18 cent. 1/2 ; larg., 16 cent. 1/2.

BONVIN

(FRANÇOIS)

N° 24

Les Sonneurs de cor.

Dans l'intérieur de l'auberge, près de la fenêtre ouverte, un sonneur, assis, en blouse rouge, joue de son cor, dont le pavillon est tourné vers la fenêtre ; près de lui, debout, un autre sonneur vu de face et le cor passé à l'épaule, suit des yeux sur un cahier de musique la sonnerie de son camarade.

Signé à gauche, en bas : *Bonvin, 1860*.

Toile. Haut., 46 cent. ; larg., 55 cent. 1/2.

BONVIN

(FRANÇOIS)

N° 25

Portrait de la mère Bion.

Elle est vue de trois quarts à droite et assise sur un fauteuil de paille, aux accoudoirs élevés. Elle est vêtue d'une robe rouge et chauffe ses vieilles mains ridées à un réchaud qu'elle tient sur ses genoux. Une pèlerine noire protège ses épaules, son dos et sa poitrine; sa tête, aux traits accentués, au teint vif encore, est coiffée d'un bonnet de batiste blanche. A sa droite, sur un buffet bas, se trouve, sous le jour d'une petite fenêtre à rideaux blancs, un bol de porcelaine dans lequel plonge une cuiller de métal; sur l'assiette qui porte le bol, un morceau de pain est resté.

Sur le parquet, près d'elle, la vieille femme a déposé la petite pelle dont elle se servira pour remuer les cendres de son réchaud.

Signé à gauche, en haut : *F. Bonvin, 1883.*

Panneau. Haut.. 34 cent.; larg.. 27 cent.

Exposition Centennale de l'Art français. 1900.

BOUDIN
(EUGÈNE)
1824-1898

N° 26

Avant-port de Trouville, le matin, à marée basse.

L'eau s'est retirée; les barques demeurent échouées sur le sable. Au fond, toute la ville apparaît sous un ciel gris, où s'envolent d'épais nuages parfois brodés de lumière.

Signé à gauche, en bas : *E. Boudin, 89*.

Toile. Haut., 40 cent. 1/2; larg., 55 cent.

Collection Georges Feydeau.

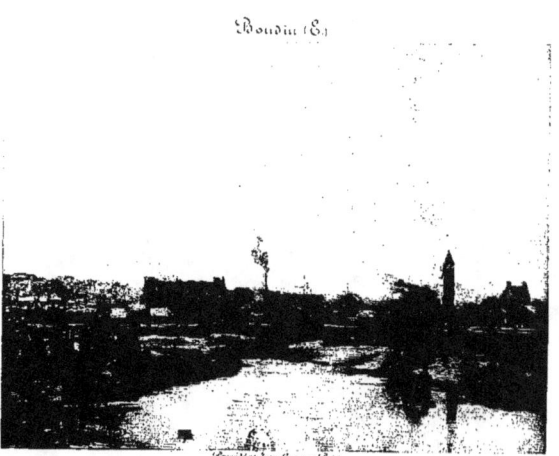

Avant-port de Trouville, le matin

BOUDIN

(EUGÈNE)

N° 27

Au Tréport, bateaux à l'ancre.

Sous un ciel bleu où s'envolent de légers nuages blancs, les bassins du port se dessinent autour des jetées et des quais, en une masse d'eau pleine de reflets bleus. Au fond, à gauche, des constructions ; au milieu, un vaisseau dont les mâts portent un pavillon tricolore.

Signé à droite, en bas : *E. Boudin.*

Panneau. Haut., 26 cent.; larg., 37 cent.

BOUDIN

(EUGÈNE)

N° 28

Embouchure de la Seine.

A droite, de grands voiliers à l'ancre ; les voiles ne sont pas déployées ; à l'un des mâts se balance un drapeau tricolore. Au fond, un autre bateau. Le ciel est clair, avec de grands nuages gris.

Signé à droite, en bas : *E. Boudin.*

Panneau. Haut., 26 cent. 1/2 ; larg., 21 cent. 1/2.

BRETON

(JULES)

N° 29

Le Retour à la ferme.

C'est la fin du jour. Le soleil, disparu à l'horizon, met des traînées blondes sur le mur de la ferme, dont le toit se dessine à droite, au fond, sous le ciel chaud. Une jeune paysanne, vue de face et coiffée de rouge, conduit une vache brune qui, tout en marchant, la tête penchée vers le sol, taille de la langue les herbes rares rencontrées. Au-dessus des murs et débordant sur eux, on aperçoit des branches feuillues, déjà brûlées par le soleil d'août.

Signé à gauche, en bas : *J. Breton.*

Toile. Haut., 39 cent.; larg., 26 cent. 1/2.

CHINTREUIL

1814-1873

N° 30

Soir d'été, bords de rivière.

A gauche, des collines boisées dessinent leurs crêtes sur l'horizon et sous un ciel où le soleil couché allume ses derniers regards de feu. Entre les deux rives plantées de grands arbres aux arcatures élégantes, la rivière coule, entraînant dans ses eaux heurtées les beaux reflets de la lumière du jour qui décroît. A droite, assis sur le bord, un homme vu de profil se prépare à se baigner ; ses jambes déjà plongent à demi dans l'eau.

Signé à gauche, en bas : *Chintreuil.*

Toile. Haut., 27 cent.; larg., 40 cent. 1/2.

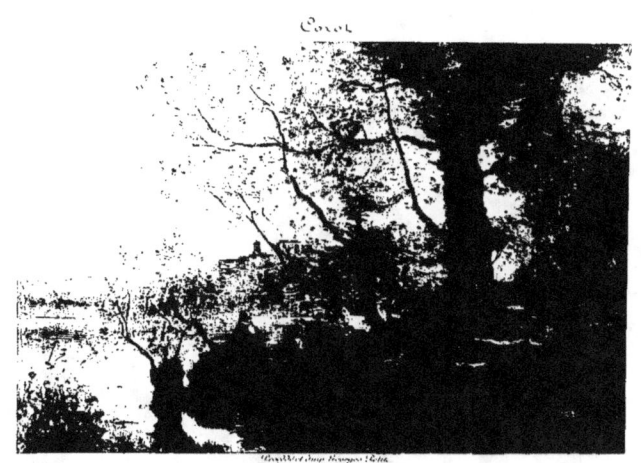

Le lac de Garde

COROT

1796-1875

N° 31

Le Lac de Garde.

Au fond, le lac est dominé par des collines, aux flancs desquelles s'étagent les maisons à terrasses.

Dans les premiers plans, à droite, les roches, parfois vêtues de mousses, s'avancent dans le lac. Un grand arbre, au tronc tapissé de lierre, semble garder le sentier qui monte, et dont les marches sont accentuées par les nerfs capricieux des racines. Tout au bord du lac, au milieu du paysage, deux femmes causent sur une sorte de promontoire, l'une assise et vue de dos, l'autre couchée et vue de face, la tête coiffée de rouge ; à gauche, le ciel découvert s'éclaire d'une chaude lumière d'été qui fait frissonner ses reflets à la surface du lac.

Signé à droite, en bas : *Corot*.

Toile. Haut., 60 cent.; larg., 92 cent.

Collection Perreau.
Collection Defoer.
Collection Albert Wolf.
Exposition des Cent chefs-d'œuvre, 1883.
Exposition du centenaire de Corot.

COROT

N° 32

Le Matin.

Le lac, à droite, forme un coude, au-dessus duquel un grand arbre, penché par le continuel effort du vent, réfléchit ses branches déjà roussies par l'automne. A gauche, derrière des roseaux, un pêcheur en pantalon bleu, chemise blanche, coiffure rouge, vient d'amarrer sa barque. Au fond, les collines bornent l'horizon.

C'est l'heure exquise où tout le paysage s'enveloppe d'une buée diaphane; où, sur la surface de l'eau, planent comme d'innombrables et mystérieuses ailes ; où le premier ébrouement du soleil dans la nue secoue au-dessus des choses une poussière d'or.

Signé à droite, en bas : *Corot*.

Toile. Haut., 41 cent.; larg., 76 cent.

Vente Saussède.
Exposition du centenaire de Corot.

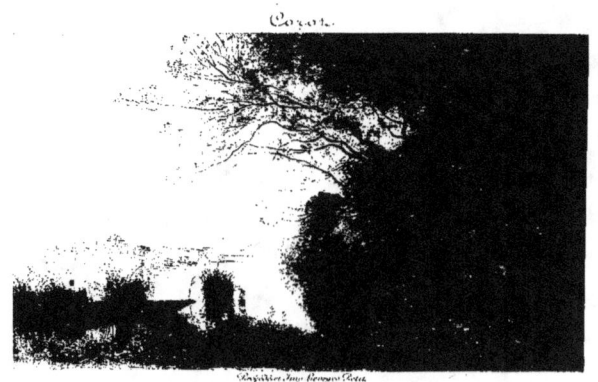

Le Matin

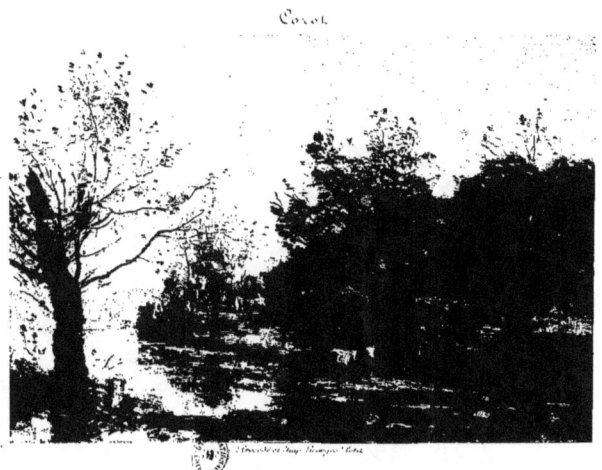

Matinée de Printemps.

COROT

N° 33

Matinée de printemps.

A droite, le bois descend en pente douce jusqu'à la rivière. Vers le fond, au-devant de collines nimbées d'aurore claire, on aperçoit le toit de tuiles rouges d'une chaumière. Dans les premiers plans, vers la droite, une vache est dans l'eau jusqu'à mi-jambes, gardée par une paysanne debout, occupée à tricoter. A gauche, sur une sorte d'îlot, un arbre dépouillé de feuilles et brisé par un coup de foudre, se dresse, dramatique et beau, comme une ruine sur laquelle continueraient de vivre quelques brindilles aux sèves résistantes. De la surface de l'eau s'élève une buée transparente. qui enveloppe les choses d'une harmonie infiniment douce.

Signé à droite, en bas : *Corot.*

Toile. Haut.. 38 cent. 1/2 ; larg.. 55 cent. 1/2.

Exposition du centenaire de Corot.

COROT

N° 34

Les Saules.

Au bord d'un ruisseau qui coule au milieu de hautes herbes, les saules dressent leurs troncs noueux aux figures mystérieuses et semblent des gardiens menaçants, penchés sur la pureté du cours d'eau. Au pied de l'un des saules, une paysanne assise sur l'herbe fait jouer un enfant qu'elle tient debout devant elle. Elle est vue presque de dos, vêtue d'un corsage gris et d'une robe cachée sous un tablier bleu. Une lumière vive s'attache à la marmotte crème qui enserre son chignon. De l'autre côté du cours d'eau, dans la verdure, on aperçoit, sous un ciel aux nuages mouvementés, la toiture des maisons et le petit clocher du hameau voisin.

Signé à droite, en bas : *Corot*.

Toile. Haut., 46 cent. 1/2; larg. 38 cent. 1/2.

Exposition du centenaire de Corot.

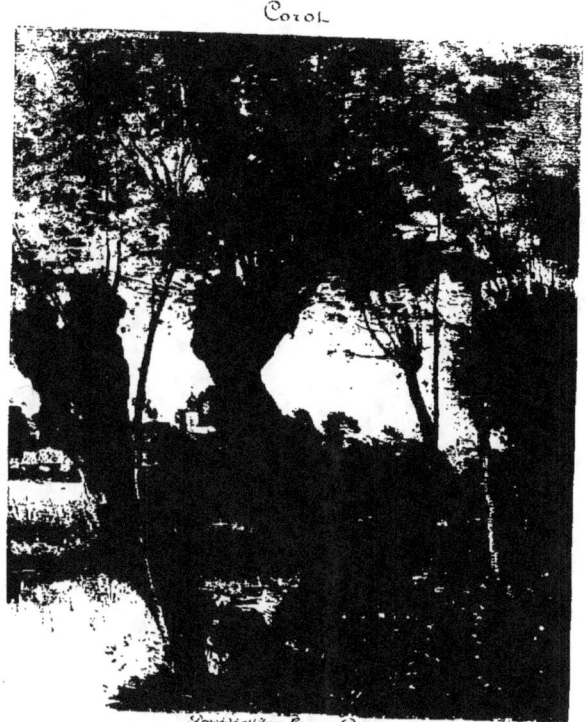

Les Saules

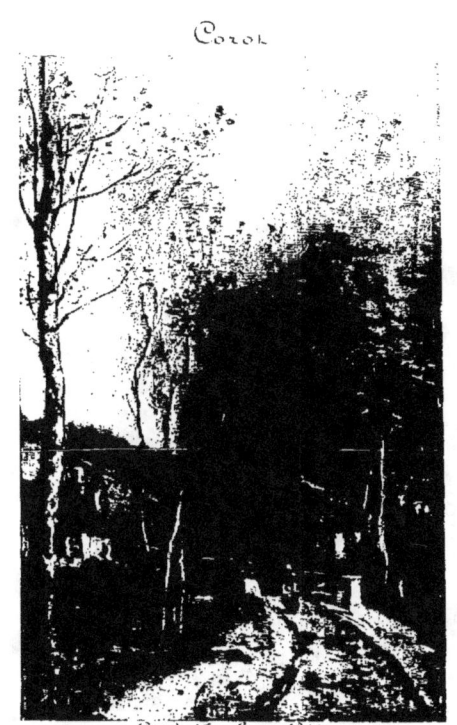

Le Petit Pont

COROT

N° 35

Le Petit Pont.

Le petit pont domine un chemin tournant. A droite, de l'autre côté, se trouve une entrée de bois, que des branches touffues enveloppent d'ombre. A gauche, vue entre les troncs de quelques peupliers qui bordent le chemin, une chaumière apparaît, aux murs blanchis sous un toit de tuiles brunes. Dans le fond, toute une ligne de collines boisées sous un ciel d'azur et de nuées grises, délicieusement modelé. A l'entrée du petit pont, une paysanne se tient debout, vue de dos.

Signé à gauche, en bas : *Corot*.

Toile. Haut., 34 cent.; larg., 22 cent.

Exposition du centenaire de Corot.
Collection Gavet.

COROT

N° 36

Le Laboureur (effet du soir).

C'est le soir : par l'étroit chemin qui serpente et monte à gauche, des paysannes se dirigent vers la ferme, dont les lignes sombres se dessinent sur le ciel tout enveloppé de la lumière du soleil couchant. A droite, un laboureur guide, pour un dernier sillon, sa charrue que tirent deux chevaux blancs. Dans le fond, à droite, se dessinent les collines toutes grisées sous la chaude clameur de l'atmosphère.

Signé à gauche, en bas : *Corot.*

Panneau. Haut., 26 cent. 1/2 ; larg., 45 cent. 1/2.

Exposition du centenaire de Corot.

Daubigny

L'Étang

Corot

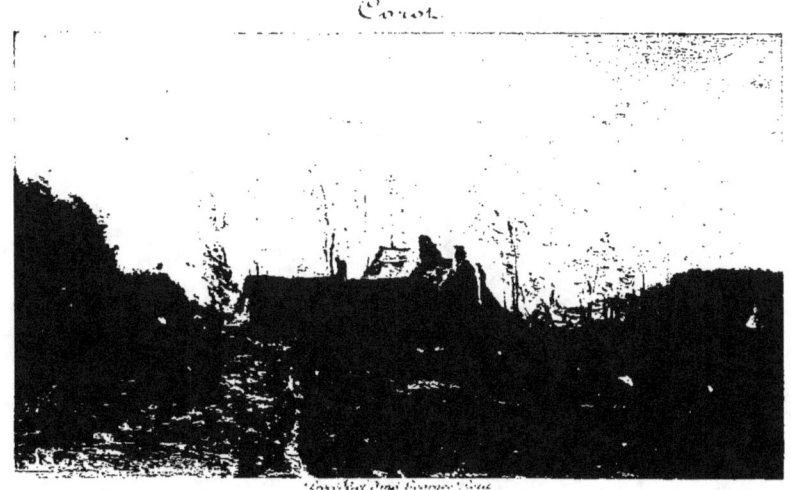

Le Laboureur, effet du soir

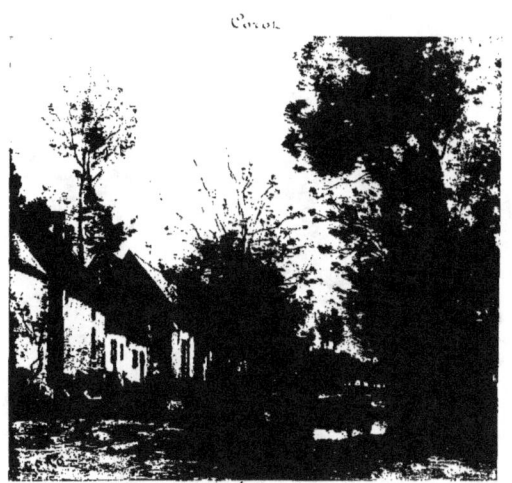

L'Abreuvoir sous les Saules

COROT

N° 37

L'Abreuvoir sous les saules.

A gauche, le long d'un chemin, les maisons d'un hameau devant lesquelles une paysanne, vue de dos, est arrêtée ainsi que sa vache, vue de profil à droite. A droite, un massif d'arbres ; au milieu, l'abreuvoir s'étend comme une petite mare ; son bord est protégé du côté du chemin qui tourne, par une barrière rustique. Au tournant du chemin, se trouve un petit massif de saules ; au fond, de l'autre côté de l'abreuvoir, on aperçoit un pré où un bœuf est en train de paître, puis les arbres d'un petit bois. Le ciel est clair, avec de jolis nuages blancs et roses.

Signé à gauche, en bas : *Corot*.

Panneau. Haut., 33 cent.; larg., 37 cent. 1 2.

COURBET

1819-1877

N° 38

La Grève.

A droite, les falaises dessinent leurs lignes dentelées sous un ciel chargé de nuages; au milieu, le sol de la grève, marqué de place en place par quelques roches ; à gauche, la mer, la mer aux vagues glauques qui déferlent, en bordant d'écume les roches écroulées.

Signé à droite, en bas : *G. Courbet.*

Toile. Haut.. 65 cent.; larg.. 80 cent.

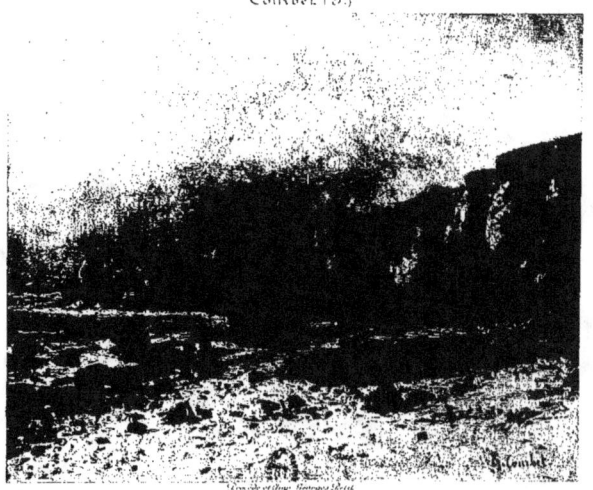

Courbet (G.)

La Grève

COURBET

N° 39

La Vague.

Sous un ciel d'orage, elle vient, monte, roule, déferle, écume, se retire, puis revient encore, gémissant, hurlant, infatigable en son spasme toujours renouvelé, la grande vague, qui ne raconte son mystère qu'à l'infini !

Signé à gauche, en bas : *G. Courbet.*

Toile. Haut., 63 cent. 1/2 ; larg., 90 cent.

Collection E. May.

COURBET

N° 40

Marée montante.

La grève dont le sable commence à être couvert. Dans les flaques déjà formées, les reflets du ciel bleu où s'envolent de grandes nuées blanches ; puis la vague assombrie, ourlée d'une légère écume ; puis le large, la mer, l'infini.

Signé à droite, en bas : *G. Courbet.*

Toile. Haut., 49 cent.; larg., 59 cent.

Exposition Centennale de l'Art français, 1889.

COURBET

N° 41

L'Hiver.

Le sol est tout ouaté de neige ; les bruyères roussies et les arbres aux branches desséchées sont également poudrés à blanc. Le ciel est assombri et comme vêtu de nuit. A gauche, dans l'épaisseur de la montagne, on aperçoit l'entrée d'une grotte que ferme une porte de bois.

Signé à gauche, en bas : *G. Courbet, 72*.

Toile. Haut., 39 cent.; larg., 55 cent.

COURBET

N° 42

Le Dimanche familial à la campagne.

Signé à gauche, en bas : *G. C.*

Panneau. Haut., 34 cent.; larg., 27 cent.

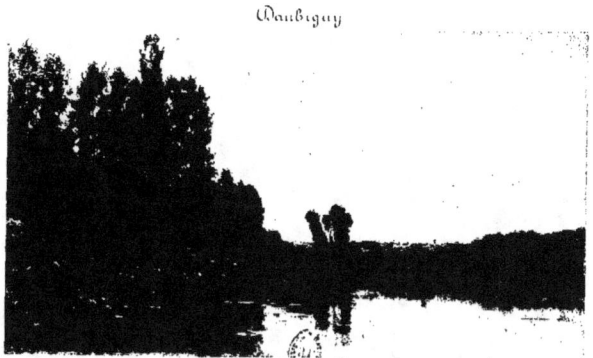

Les Bords de l'Oise

DAUBIGNY

1817-1878

N° 43

Les Bords de l'Oise.

A gauche, la berge s'élève en pente douce, et bientôt les bruyères sont remplacées par les arbres aux frondaisons touffues. A droite, le terrain s'abaisse pour se relever à l'horizon, de l'autre côté de massifs boisés. Au premier plan, la rivière coule, promenant dans son frissonnement les reflets attendris d'un ciel d'été. Sur la rive, un pêcheur debout, une femme assise dans la verdure, une lavandière agenouillée et trempant son linge; et plus loin, quelques vaches en train de se désaltérer et de prendre le frais.

Signé à gauche, en bas : *Daubigny, 1863.*

Panneau. Haut., 38 cent.; larg., 67 cent.

DAUBIGNY

N° 44

L'Etang.

L'étang occupe les premiers plans. Sur sa nappe transparente, où plongent les reflets des choses et du ciel chaud d'été, une bande de canards trace son sillage argenté. Au fond, à droite et à gauche, les bords de l'étang se relèvent, et sur ce mouvement de terrain des arbres aux frondaisons épaisses forment un rideau de verdure plein de frissons. Dans le ciel, un vol d'oiseaux.

Signé à droite, en bas : *Daubigny, 1867*.

Panneau. Haut., 23 cent.; larg., 40 cent.

DAUBIGNY

N° 45

Avant-port d'Harfleur.

La mer vient battre doucement sur le sable mouillé : c'est l'heure de la marée basse. Au fond, la ville aligne ses constructions aux toitures de tuiles grises. Sur la plage, des barques de pêche sont à sec. A droite, masse sombre, les travaux des écluses et des jetées. Le ciel est gris, avec quelques nuées blanches.

Signé à droite, en bas : *Daubigny, 1874.*

Panneau. Haut., 30 cent ; larg., 49 cent. 1/2.

DAUMIER

1808-1879

N° 46

L'Amateur d'estampes.

L'étalage est plein d'attrait; les feuilles, pincées sur des ficelles, forment un musée en plein vent; sur une planche, des cartons s'offrent à la curiosité des passants. Et voici que l'amateur s'est arrêté; son costume dit assez qu'il n'est pas l'homme des folies, l'homme des pièces rares chèrement payées; mais il se donne toutefois la joie de feuilleter ces portefeuilles hospitaliers aux regards curieux; une à une, il les regarde, il les tourne, il les palpe, il les époussète de la main, il les délivre d'un pli malencontreux, ces images qu'il se tient pour satisfait de visiter chaque jour, sans connaître plus la fièvre, ni l'espoir de leur possession; et de longs instants il est là, dessinant son profil anguleux, son cou aux artères gonflées, aux muscles saillants, son dos voûté, sur un fond d'estampes qui chantent la vie heureuse.

Signé à gauche, en bas : *H. D.*

Panneau. Haut., 34 cent.; larg., 26 cent.

Exposition rétrospective de la Ville de Paris, 1900.

Decamps

Daumier

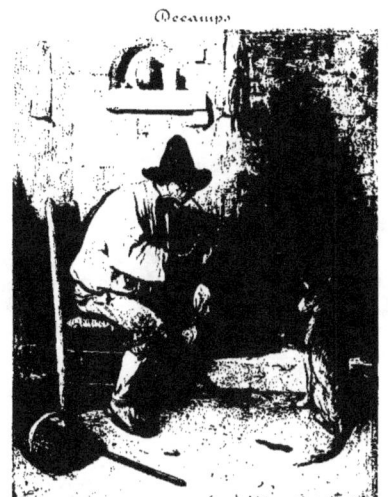
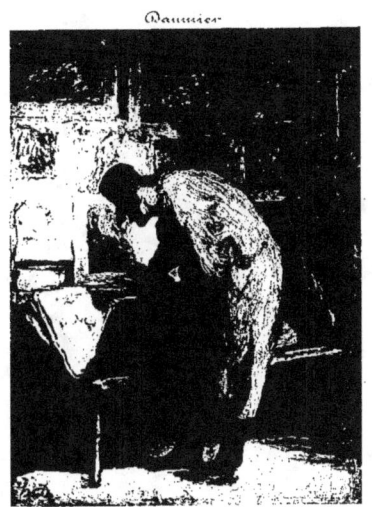

Paysan napolitain.

L'Amateur d'Estampes

Daumier

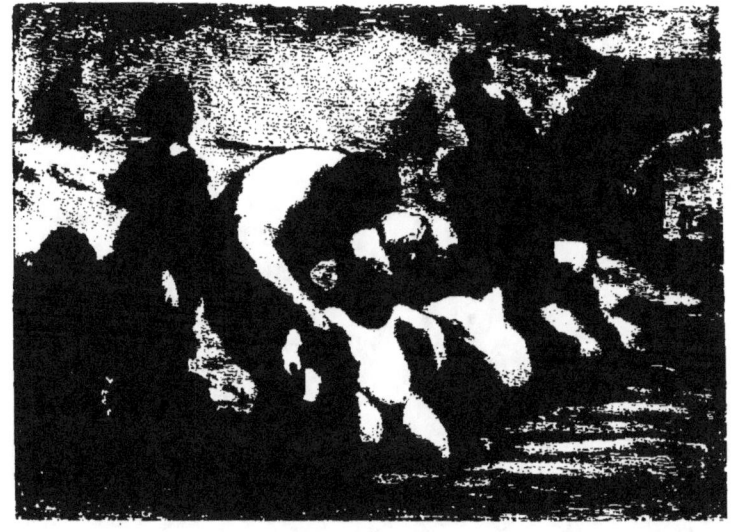

La Baignade

Barye

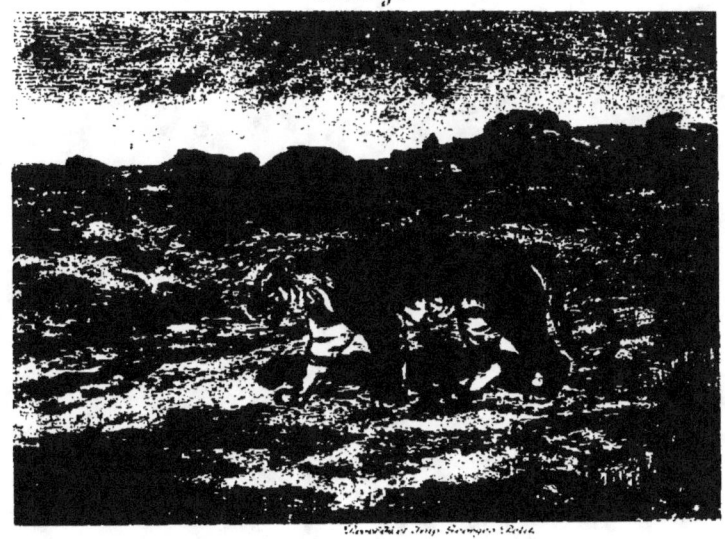

Le Tigre cherchant une proie

DAUMIER

N° 47

La Baignade.

Sur le bord de la berge, des gamins se sont déshabillés. L'un d'eux, gras et fort, décidé, barbote dans l'eau de ses jambes dodues, tandis que son père, le pantalon relevé au-dessus du genou, le soutient par les bras. A gauche, un autre enfant dévêtu est assis, les pieds dans l'eau. A droite, une femme essaye de baigner son enfant vu de dos, qui ne semble pas encore conquis au plaisir de la natation ; près de cette femme, une autre, accroupie vers la rivière, est en train de tremper son linge. Au fond, une figure de femme qui s'éloigne à droite ; vers la gauche, un enfant debout, vêtu de bleu et vu de dos.

Signé à gauche, en bas : *H. D.*

Panneau. Haut., 24 cent ; larg., 32 cent.

Exposition rétrospective de la Ville de Paris, 1900.

DAUMIER

N° 48

La Sortie de l'école.

La journée est terminée et par la porte ouverte, surélevée de quelques marches, les voilà qui s'en vont, les fillettes, se bousculant à qui sortira la première, préoccupées de voir à droite, à gauche, si l'on est là pour les emmener. Et ce sont des fichus et des corsages de toutes les couleurs. Il y en a des verts, des bleus, des rouges, des jaunes, des bruns. On devine le bruit que doit faire cette volée de jeunesse au sortir d'une journée d'études.

Signé à gauche, en bas : *H. Daumier.*

Panneau. Haut., 40 cent ; larg., 31 cent.

Collection du comte Doria.

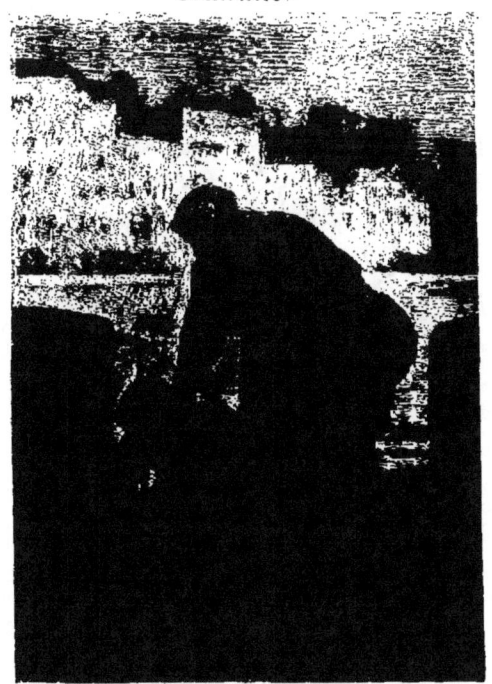

Une Laveuse au quai d'Anjou.

DAUMIER

N° 49

Une Laveuse au quai d'Anjou.

Au premier plan, la laveuse remonte l'escalier de la berge ; elle porte sous son bras gauche et retient avec le pan de son tablier blanc le paquet de linge qu'elle vient de tremper au lavoir, et, de la main droite, elle aide son enfant à monter, qui, de sa main droite, porte le battoir.

De l'autre côté de la Seine, le quai d'Anjou apparaît avec ses maisons étroites et tassées, que le soleil inonde de lumière.

Signé à gauche, en bas : *H. D.*

Panneau. Haut., 29 cent.; larg., 19 cent. 1/2.

DAUMIER

N° 50

Les Petites Paysannes au bois.

A l'ombre d'un massif d'arbres, à gauche, deux petites paysannes sont arrêtées ; l'une est assise sur l'herbe verte, l'autre est debout, vue de profil à gauche, et la regarde. A droite, de l'autre côté d'une prairie, on aperçoit des massifs d'arbres sous le ciel empli d'atmosphère chaude.

Signé à gauche, en bas : *H. Daumier*.

Panneau. Haut., 29 cent.; larg., 20 cent

DAUMIER

N° 51

Don Quichotte et Sancho Pança.

Sancho s'est assis, mélancolique, au bord du chemin ; son âne est près de lui. On aperçoit, au loin, la maigre silhouette de Don Quichotte sur son maigre cheval.

Panneau. Haut., 24 cent.; larg., 31 cent. 1 2.

DECAMPS

1803-1860

N° 52

Paysan napolitain.

Assis au coin de l'âtre et vu de profil à droite, il est en train d'allumer sa pipe; il est coiffé d'un tromblon de feutre, sous lequel apparaît sa vieille figure rasée et émaciée. Près de lui, à droite du tableau, son chien est assis, vu de dos, très attentif à la chanson du coquemar suspendu au-dessus du feu. A gauche, sur le sol, l'homme a déposé son bâton et son panier. Dans une petite niche creusée dans le mur sont rangés un pichet de grès, un gobelet et une petite poterie.

Signé à gauche vers le bas, sur la marche de l'âtre : *Decamps, 1840*.

Toile. Haut., 36 cent. ; larg., 29 cent.

DECAMPS

N° 53

Chevaux de labour à la porte d'une ferme.

Sous une lumière chaude, deux chevaux vus de profil à gauche, l'un bai brun, l'autre gris pommelé, sont arrêtés devant la porte d'une ferme. Ils ont leurs colliers et leurs brides. Le cheval bai brun est marqué de deux balzanes aux jambes de derrière.

Signé à gauche, vers le bas, sur la marche de la ferme : *Decamps, 1842.*

Panneau. Haut., 24 cent. 1/2; larg., 33 cent.

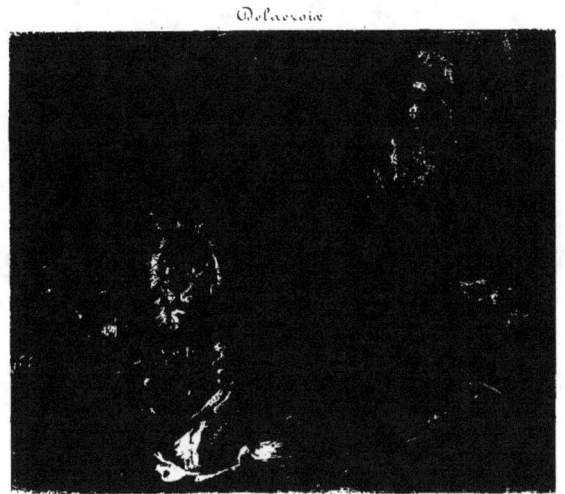

Lion dévorant un Arabe

DELACROIX

(EUGÈNE)

1799-1863

N° 54

Lion dévorant un Arabe.

L'homme est couché sur le dos, les jambes enveloppées d'une draperie bleue, la tête à demi cachée sous un voile rouge. Dans sa poitrine dénudée, le lion, accroupi sur son arrière-train, enfonce ses ongles : sa tête exprime la domination féroce ; des lumières s'attachent à sa gueule, à sa lèvre supérieure, à l'arcade de l'œil, augmentant l'effet de puissance de la bête triomphante.

A droite, sur le sol, un fusil arabe ; au fond, au flanc des roches, des cactus géants.

Signé à droite, en bas : *Eug. Delacroix.*

Toile. Haut., 54 cent.; larg., 65 cent. 1/4.

Collection Maujean.
Collection du baron de Gunzburg.
Collection Defoer.

DEMARNE

1744-1829

N° 55

La Marchande de cerises.

A la porte de l'auberge, où des Polonais se sont réfugiés, la marchande de cerises vient d'arrêter son âne et pèse les fruits qu'elle va vendre à une fillette qui lui tend son tablier; un gamin assis par terre se sert de son chapeau de paille en guise de panier. Une jeune mère, assise au seuil de la ferme, regarde la marchande de cerises, tandis que son enfant tend vers elle une main qui demande les beaux fruits rouges.

Panneau. Haut., 25 cent. 1/2; larg., 31 cent. 1/2.

DIAZ DE LA PEÑA

(NARCISSE-VIRGILE)

1808-1876

N° 56

La Mare.

Dans la mare, encadrée d'une campagne herbeuse, les vaches se baignent et se désaltèrent : il en est de blanches, de noires, de couleur isabelle. Sur le bord le plus éloigné de la mare, quelques arbres dressent vers le ciel d'azur, aux nuées blanches et grises, leurs frondaisons touffues.

Dans le lointain, on aperçoit un champ que dore une claire trainée de soleil.

Signé à gauche, en bas : *N. Diaz*.

Panneau. Haut., 16 cent.; larg., 23 cent. 1/2.

Exposition Centennale de l'Art français, 1900.
Collection du baron de Gunzburg.
Collection Defoer.

DIAZ DE LA PEÑA

(NARCISSE-VIRGILE)

N° 57

La Mare dans la clairière.

Dans la plaine au sol accidenté, une mare offre son miroir frissonnant aux reflets qui tombent d'un ciel d'azur, aux nuages blancs et gris ourlés de lumière. Près de la mare, un massif d'arbres aux branches robustes dresse le dôme de ses feuillages, déjà roussis par l'été. Au bord de la mare, du même côté, un homme se tient penché, prêt à puiser de l'eau à l'aide d'un récipient. A droite, au fond, d'autres massifs d'arbres.

Signé à droite, en bas : *N. Diaz.*

Panneau. Haut., 26 cent. 1/2 ; larg., 37 cent.

Seroin

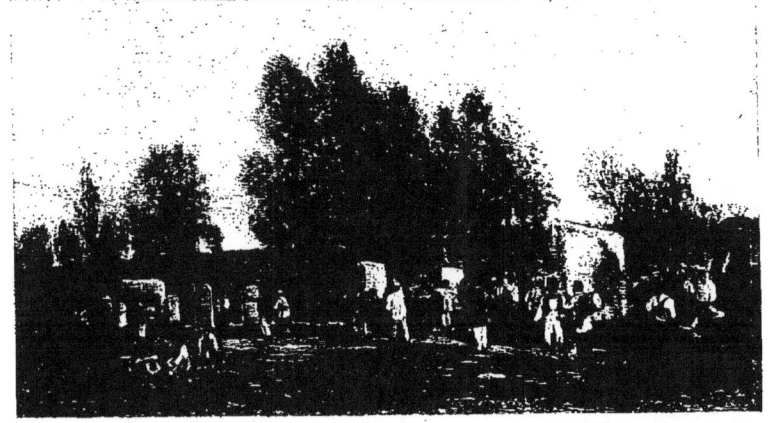

Le Cuvà l'are à Villiers sur Marne

Diaz

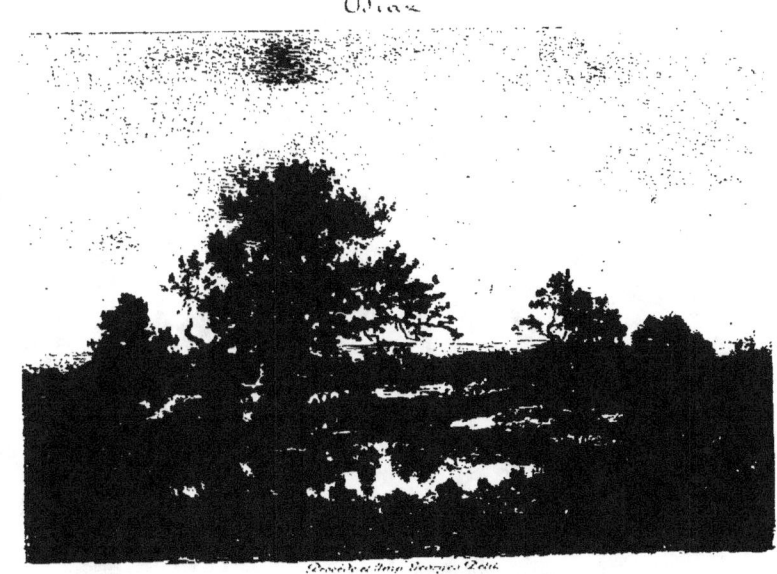

La Mare dans la Clairière

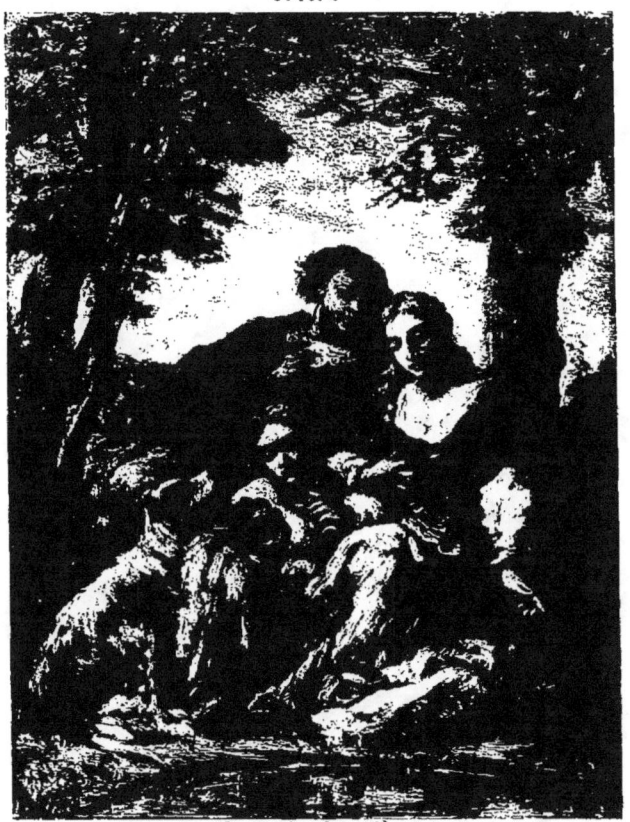

L'Heureuse Famille

DIAZ DE LA PEÑA

(NARCISSE-VIRGILE)

N° 58

L'Heureuse Famille.

Au pied d'un arbre dont les frondaisons sont rouillées par l'automne, une jeune femme est assise et indique de la main à un chien assis devant elle une mare, où celui-ci ne semble nullement pressé de se baigner. La jeune femme porte une robe rose et un châle marron sur sa chemise blanche décolletée. Elle a les cheveux blonds dorés par un rayon de soleil; à sa droite, un gentilhomme est assis, en pourpoint rouge et noir et en haut-de-chausses gris. Entre eux deux, agenouillée, les coudes appuyés sur la cuisse droite de la jeune femme assise, une fillette aux cheveux blonds également, en robe havane, invite de son doigt levé le chien à l'obéissance.

Entre les branches d'arbres, on aperçoit, au fond, le ciel bleu tout illuminé de nuées blondes.

Signé à gauche, en bas : *N. Diaz*.

Panneau. Haut., 46 cent. ; larg., 34 cent.

DUPRÉ

(LOUIS-JULES)

1811-1889

N° 59

Retour à la ferme.

C'est la fin de la journée ; dans le ciel chaud roulent de beaux nuages blancs. A gauche, de grands arbres à l'écorce nacrée dressent leurs branches robustes, dont les feuilles sont déjà roussies par l'été ; du même côté, au fond, on aperçoit un petit bois. A droite, le terrain est mouvementé et planté de place en place d'arbres et de buissons ; au milieu de la route, tracée par un long passage sur le sol herbeux, le troupeau revient : les vaches calmes, lourdes, grisées d'air, de lumière et de paresse, retournent à la ferme, balançant, de leurs pas cadencé, leurs panses fécondes dont le pelage gras reluit sous la clarté des derniers rayons du soleil ; derrière le troupeau, dans l'ombre, on aperçoit ses gardiens.

Signé à droite, en bas : *Jules Dupré*.

Toile. Haut., 21 cent. 1,2 ; larg., 27 cent.

Exposition Centennale de l'Art français, 1900.
Collection Édouard André.

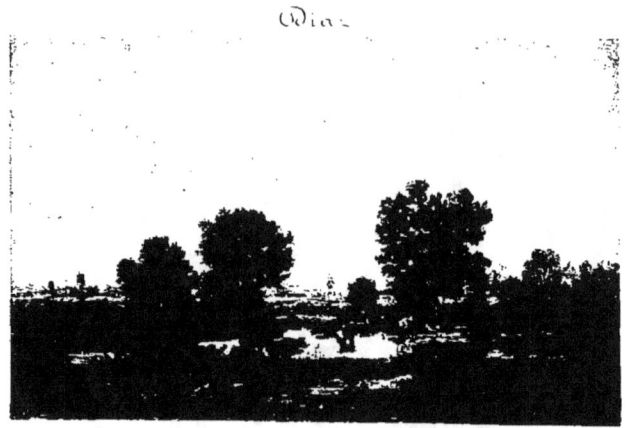

Diaz

La Mare

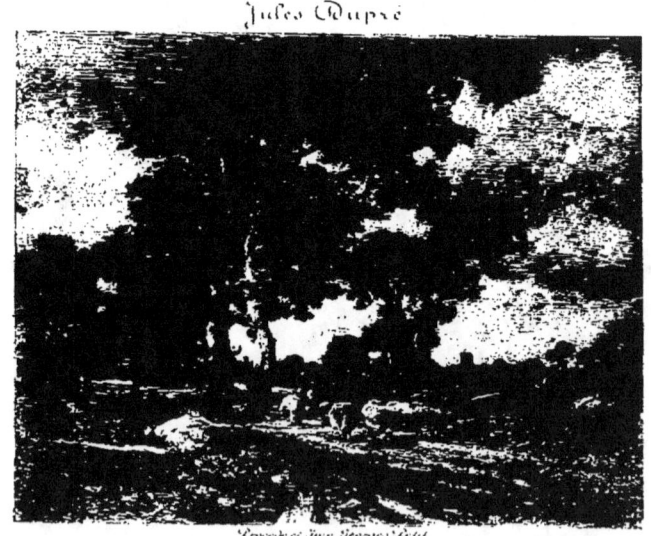

Jules Dupré

Retour à la ferme

DUPRÉ

(LOUIS-JULES)

N° 60

La Saulaie.

Au milieu de la plaine, au bord d'un étang, les grands saules dressent vers le ciel bleu, aux nuages blancs, leurs branches feuillues. Au bord de l'étang, un homme debout est en train de pêcher à la ligne. Au fond, dans la plaine, des animaux paissent. Au premier plan, quelques coquelicots mettent leurs gouttes de sang dans la verdure.

Signé à gauche, en bas : *Jules Dupré.*

Toile. Haut., 21 cent., larg., 26 cent. 1/2.

FANTIN-LATOUR

N° 61

Danses d'almées.

Au sortir du bain, les belles créatures se sont arrêtées sous les portiques où le soleil pénètre à peine. L'une d'entre elles, le torse nu, danse au son d'une guitare, dont l'accompagne une femme assise, au fond, dans l'ombre : elle danse, jouant avec ses bras des transparences d'une gaze qui s'épaissit autour de ses hanches ; devant elle, admiratives, d'autres femmes la contemplent, les unes couchées, demi-nues, les autres debout, drapées de velours vert ou rouge ; à droite, une servante, vêtue de bleu, s'empresse, portant un plateau pour une collation ; plus à droite, une autre femme assise se désintéresse de la scène, se contentant de laisser sa beauté radieuse se silhouetter sur un fond de verdure, dans le haut duquel on aperçoit un pan de ciel d'azur.

Signé à droite, en bas : *Fantin.*

Toile. Haut., 31 cent.; larg., 53 cent.

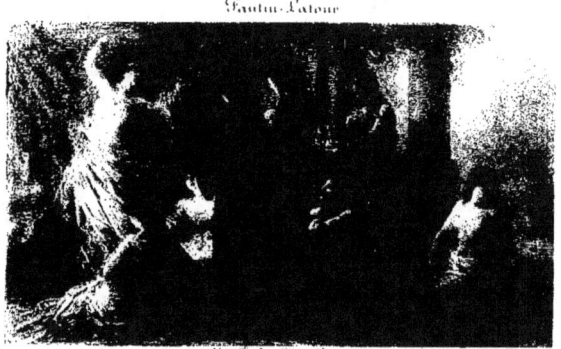

Danse d'Almées

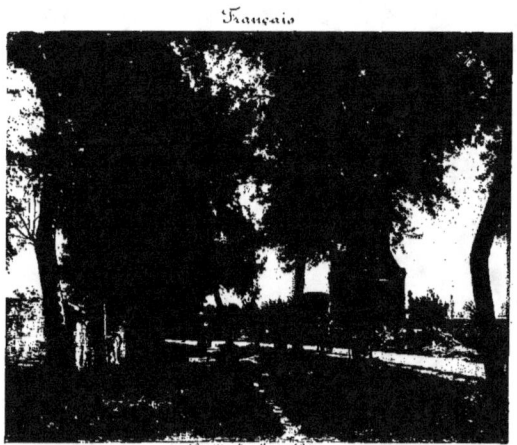

La Route de Combs-la-Ville

FRANÇAIS

(LOUIS-FRANÇOIS)

1834-1897

N° 62

Route de Combes-la-Ville.

Au premier plan, un terrain herbeux, planté de grands arbres ; à gauche, un mur de clôture avec une grille, au-devant de laquelle apparait une jeune femme, vêtue de blanc. A droite, la grand'route se dessine, ensoleillée : la voiture d'un boulanger y est arrêtée ; de l'autre côté de la route, on aperçoit une maison de plaisance en briques et pierres, dont les lignes régulières s'élèvent sous une chaude lumière d'été ; quelques petites figures d'hommes, de femmes et d'enfant animent le paysage.

Signé à droite, en bas : *Français, 79.*

Toile. Haut., 32 cent.; larg., 40 cent. 1/2.

Salon de 1883.
Exposition Centennale de l'Art français, 1900.

FRANÇAIS

(LOUIS-FRANÇOIS)

N° 63

L'Offrande à Flore.

La statue se dresse au milieu d'un bois sacré, à quelque distance d'un temple. Autour d'elle, des jeunes femmes, aux draperies claires, viennent apporter des fleurs.

Dans le ciel, de belles clartés douces d'un jour printanier qui s'éveille.

Aux branches des grands arbres, le gui suspend sa verdure parasite.

Signé au milieu : *L. Français (F.)*.

Toile. Haut., 1 m. 20 ; larg., 80 cent.

Exposition Français.

FRANÇAIS

(LOUIS-FRANÇOIS)

N° 64

La Récolte du chanvre.

Dans la mare, qui s'étend au milieu de la plaine, des femmes et des hommes repêchent le chanvre trempé.

A gauche, sur le bord, des massifs d'arbres.

Signé à gauche, en bas, du timbre de la vente : *Français*.

Panneau. Haut., 59 cent.; larg., 82 cent.

Exposition Français.

FRANÇAIS

(LOUIS-FRANÇOIS)

N° 65

Le Lac Némi.

Entouré de hauteurs boisées, le lac s'étend vers la gauche : un étroit îlot surgit de sa surface, portant un massif d'arbres. Une femme, dans l'eau jusqu'à mi-jambes, cueille des roseaux.

Signé à gauche, en bas, sur une roche : *Français, 1858*.

Toile. Haut., 37 cent.; larg., 58 cent. 1/2.

Exposition Français.

FRANÇAIS

(LOUIS-FRANÇOIS)

N° 66

Fin d'hiver à Plombières.

Signé à droite, en bas : *Français*.
Daté à gauche : *1887*.

Toile. Haut., 33 cent.; larg., 41 cent.

FROMENTIN

(EUGÈNE-SAMUEL-AUGUSTE)

1820-1876

N° 67

Caravane.

Au fond du défilé, sur le sol empierré et calciné qui monte et descend en des mouvements brusques, la caravane passe ; déjà tout un groupe disparaît dans le lointain. Voici, sur un cheval, un homme vêtu de rouge ; près de lui, un piéton en gilet gris, dont l'effort dit la fatigue, puis un autre cheval dont le cavalier est descendu, puis d'autres piétons, hommes et femmes, qui s'avancent las et résignés. A gauche, la montagne dominée par de grands arbres et sur la pente de laquelle dévalent des cavaliers. A droite, jusqu'à l'horizon, un ciel d'azur profond au-devant duquel s'envolent des nuages.

Signé à droite, en bas : *Eug. Fromentin.*

Daté à gauche, en bas : *1856.*

Panneau. Haut., 35 cent.; larg., 26 cent. 1/2.

Exposition Centennale de l'Art français, 1900.
Collection Gentien.

Fromentin

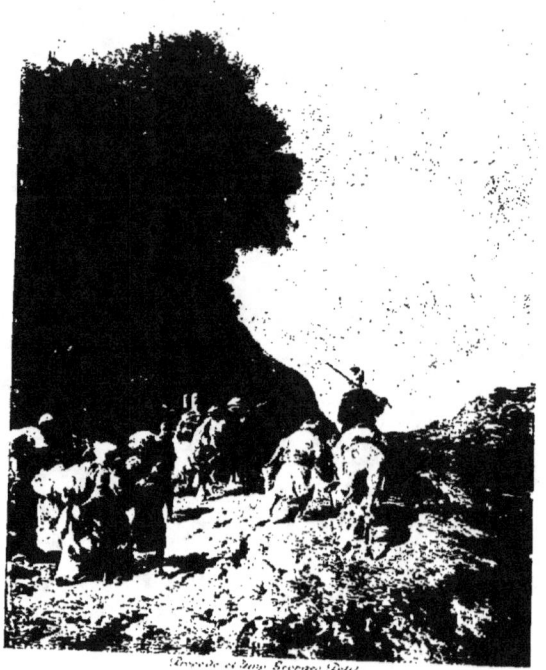

Caravane

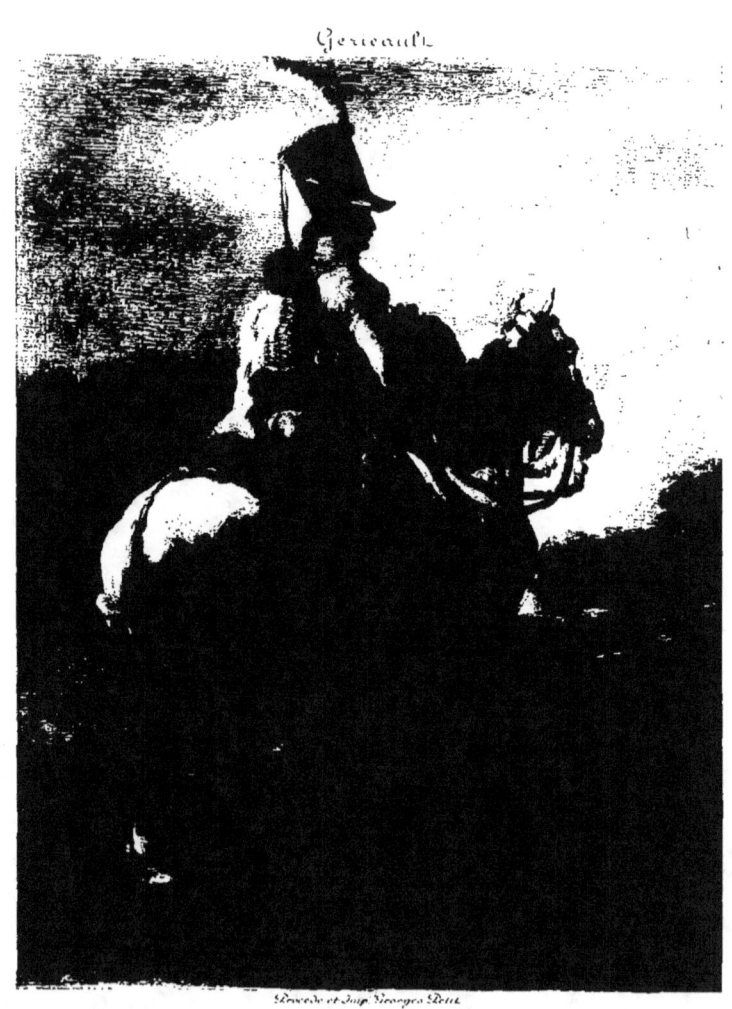

Trompette de Hussards

GÉRICAULT

1791-1824

N° 68

Trompette de hussards.

Il est vu de profil à droite, sur un cheval gris pommelé ; au fond, une indication de bataille.

Toile. Haut., 95 cent.; larg., 71 cent. 1/2.

Collection Maujean.
Collection du baron de Gunzburg.
Collection Defoer.
Exposition des Cent Chefs-d'œuvre, 1883.

GERVEX

N° 69

La Maternité.

Une jeune femme, assise de profil à gauche, allaite son enfant nu sur ses genoux : sa figure attentive se dessine souriante sous son casque de cheveux fauves. Son corsage est largement déboutonné.

Signé à gauche, en bas : *H. Gervex*.

Toile de forme cintrée. Haut., 65 cent.; larg., 39 cent.

Salon de la Société Nationale.

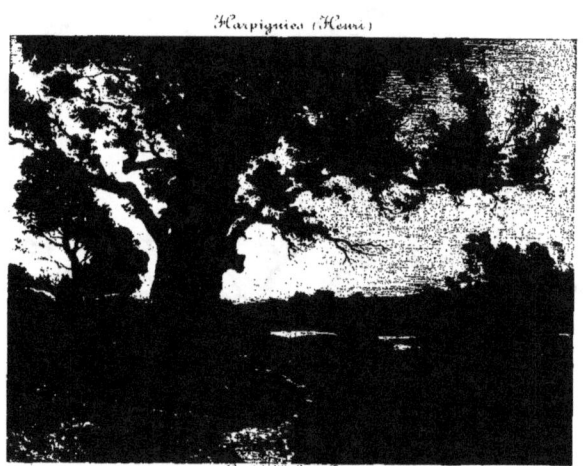

Harpignies (Henri)

Le Gros Chêne

HARPIGNIES

N° 70

Le Gros Chêne.

A gauche, sur un pli de terrain, dominant la rivière qui coule au fond, le chêne dresse son tronc puissant, son tronc d'ancêtre aux branches robustes.

Du même côté, un peu plus loin, un massif d'arbres surgit entre des roches.

Au fond, au-dessus de la campagne, le ciel plane, doré par le soleil couchant.

Signé à gauche, en bas : *H. Harpignies, 95.*

Toile. Haut., 60 cent.; larg., 82 cent.

Salon de 1895.

HARPIGNIES

N° 71

Le Ruisseau.

Un massif d'arbres dessine à gauche sa silhouette aux frondaisons épaisses sur l'écran du ciel, éclairé de l'embrasement attendri du soleil couchant. A droite, le terrain moins élevé est garni de fougères qui, de place en place, laissent à découvert des roches. Au milieu, un petit ruisseau serpente, heurtant dans son cours les pierres qui hérissent son lit, et de belles lumières blanches s'accrochent aux petites vagues qui accidentent son ruban argenté.

Signé à gauche, en bas : *Harpignies*.

Toile. Haut., 52 cent.; larg., 70 cent. 1/2.

HARPIGNIES

N° 72

L'Après-midi au château de Famars, près de Valenciennes (Nord).

A l'envers du tableau, on lit cette dédicace : *A ma bonne cousine et à son fils, souvenir du 19 mars 1863. H. H.*

Signé à gauche, en bas, et daté : *1862*.

Panneau. Haut., 40 cent.; larg., 32 cent.

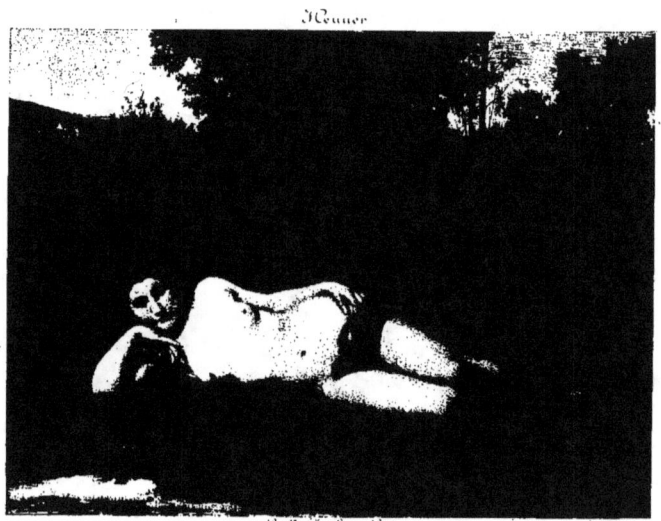

Nymphe couchée au bord de l'eau

HENNER

(J.-J.)

N° 73

Nymphe couchée au bord de l'eau.

Au bord d'une source, une jeune nymphe repose sa fraîche nudité. Une draperie bleue est chiffonnée sous son torse, qui apparaît tourné légèrement sur le côté droit ; la tête, un peu relevée. s'appuie sur la main droite, le bras ployé, le coude pointant dans l'herbe. Le bras gauche suit naturellement la courbe gracieuse de la hanche, et la main retient le pan de la draperie bleue vers le haut de la cuisse. La jambe droite est ployée et se croise derrière la jambe gauche presque allongée. Derrière la figure de la nymphe, le paysage monte, sombre et boisé ; des collines en marquent l'horizon sous un ciel bleu clair.

Signé à droite, en bas : *J.-J. Henner.*

Toile. Haut., 70 cent.; larg., 96 cent.

Exposition Centennale de l'Art français, 1889.

HENNER

(J.-J.)

N° 74

Suzanne au bain.

La jeune femme est nue, debout, appuyée contre un banc de pierre qui garnit le bord de la fontaine ; déjà son pied droit baigne dans l'eau, son genou gauche est relevé et s'appuie sur la pierre, tandis que le torse s'incline et apparaît de profil à droite, le bras droit posant naturellement sur la pierre ; derrière la jeune femme, on aperçoit un peignoir blanc et un vase à parfum ; devant elle, sur le dossier du banc de pierre, se trouve une cape brune négligemment jetée ; au fond, derrière les arbres, prudent à ne se pas trop découvrir, un vieillard debout repaît ses yeux de cette beauté et de cette jeunesse.

Signé à droite, vers le bas : *J.-J. Henner*.

Toile. Haut., 29 cent. 1/2; larg., 20 cent. 1/2

Exposition Centennale de l'Art français, 1900.

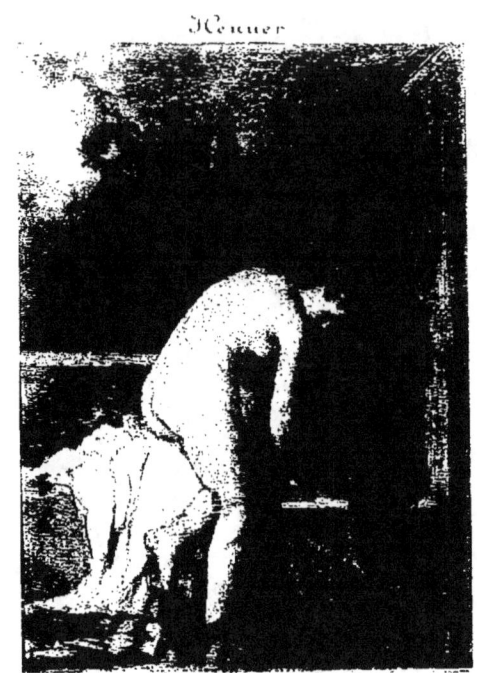

Suzanne au bain

HENNER

(J.-J.)

N° 75

La Femme à l'œillet.

Elle est vue de trois quarts à droite, la tête tournée de face ; sur son épaule droite et son bras nu, une vive lumière vient caresser l'épiderme. Le corsage foncé est décolleté, et près de la gorge découverte une petite fleur rouge met comme une goutte de sang. Encadré de cheveux noirs, dont les tresses descendent devant les épaules, le visage apparaît grave, avec des yeux profonds, un nez fin, des lèvres minces et le menton délicat. La figure se détache sur un fond bleu turquoise.

Signé à gauche, vers le bas : *J.-J. Henner.*

Toile. Haut., 60 cent.; larg., 46 cent.

HENNER

(J.-J.)

N° 76

La Petite Mendiante.

Elle est debout, vue de face, les pieds nus, relevant légèrement sa robe grise de sa main gauche, et tenant de la main droite un morceau de pain. Ses cheveux, séparés en bandeaux sur le milieu du front, tombent de chaque côté du visage sur ses épaules, en tresses ondulées.

Signé à droite, en bas : *J.-J. Henner.*

Toile. Haut., 40 cent.; larg., 29 cent.

ISABEY

1804-1886

N° 77

Bateaux de pêche à marée basse.

Une anse étroite, qui offre un abri passager à quelques bateaux de pêche ; à gauche, une petite plage, dont le champ est limité par des maisonnettes basses, coiffées de tuiles ; la marée monte et une pêcheuse de crevettes se hâte de revenir ; des barques sont encore à sec sur le bord : deux morutiers, debout sur leurs quilles, vont pouvoir bientôt partir. A gauche, dans l'espace compris entre les maisons, on brûle des varechs. A droite, de l'autre côté d'une jetée, la mer fuit jusqu'à l'horizon, sous un ciel largement ennuagé.

Signé à gauche, en bas : *E. Isabey, 56*.

Panneau. Haut., 25 cent. 1/2 ; larg., 37 cent. 1/2.

Ziem

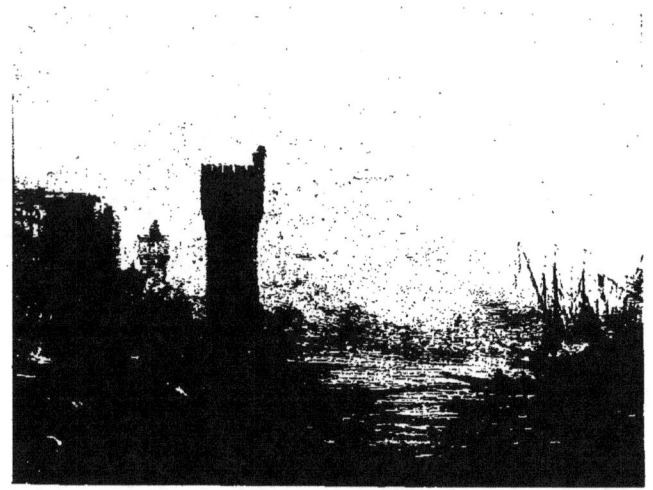

La Tour de Léandre à Constantinople

Isabey

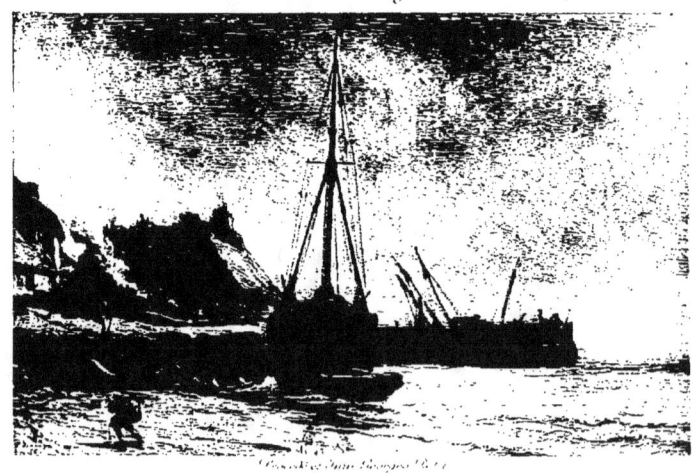

Bateaux de pêche à marée basse

ISABEY

N° 78
Petit Port.

A gauche, les petites maisons desquelles on descend au port par un étroit escalier de pierre. A droite, la plage, que la marée basse laisse découverte, puis des falaises lointaines, puis la mer au-dessus de laquelle plane un ciel d'orage tout rempli de menaces. Au premier plan, vers la gauche, une barque est à sec, chargée d'une infinité de choses que semblent examiner deux pêcheurs debout.

Signé à droite, en bas, du timbre de la vente.

Toile. Haut., 37 cent.; larg., 51 cent.

JACQUE

(CH.)

1813-1894

N° 79

Troupeau de moutons au bord d'une mare.

Dans la plaine vallonnée, plantée de grands arbres, une mare se trouve, réfléchissant le ciel bleu, où planent des nuages blancs.

Près de la mare, un troupeau de moutons se presse, maintenu avec peine par le berger, vêtu d'une blouse bleue, la pannetière au côté, et par le chien, vu de profil à gauche.

Derrière le berger, trois moutons, qui ont pu s'échapper, se baignent côte à côte.

Signé à gauche, en bas : *Ch. Jacque.*

Toile. Haut., 35 cent.; larg., 49 cent.

Jacque

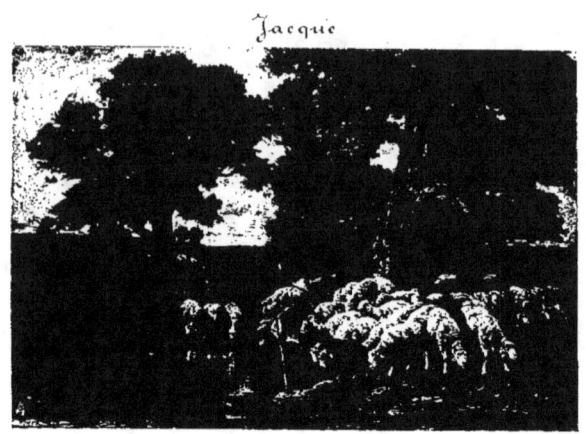

Troupeau de Moutons au bord d'une Mare

Jules Dupré

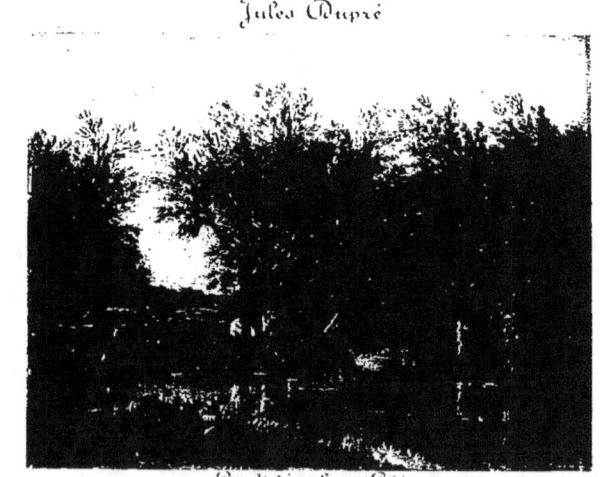

Procédé et Imp Georges Petit

Au Saulais

JACQUET

(G.)

N° 80

Mlle *Émilie Ambre, dans* Mignon.

Une jeune femme, vue jusqu'à la poitrine, la tête tournée de trois quarts à gauche ; ses longs cheveux noirs tombent en tresses ondulées sur sa chemise de toile bise.

Signé à gauche, vers le milieu : *G. Jacquet, 1879*.

Panneau. Haut., 34 cent.; larg., 26 cent.

JACQUET

(G.)

N° 81

Le Hochet.

Un enfant blond, vu jusqu'à la poitrine, et tenant un hochet de la main gauche.

Signé à gauche, en bas : *Jacquet*.

Panneau. Haut., 28 cent.; larg., 23 cent.

JONGKIND
1822-1891

N° 82

La Meuse.

A gauche, sur le quai qui s'élève en pente douce, une femme se tient debout, portant son enfant sur le bras. Derrière elle, des maisons de brique, aux volets verts. Sur le quai, près d'elle, une rangée d'arbres aux têtes feuillues; à droite, dans un poudroiement de lumière qui descend du ciel, le soleil accroche des feuilles d'or aux branches d'arbres et fait miroiter d'innombrables paillettes à la surface de l'eau. Des sloops de pêche apparaissent, amarrés; des barques s'approchent ou s'éloignent d'eux; du même côté, un petit pêcheur arrange ses filets dans sa barque qui met une tache d'ombre attendrie dans cet enchantement lumineux.

Signé à gauche, en bas : *Jongkind, 1874.*

Toile. Haut., 1 m. 23 1/2; larg., 82 cent.

Vente Jongkind.

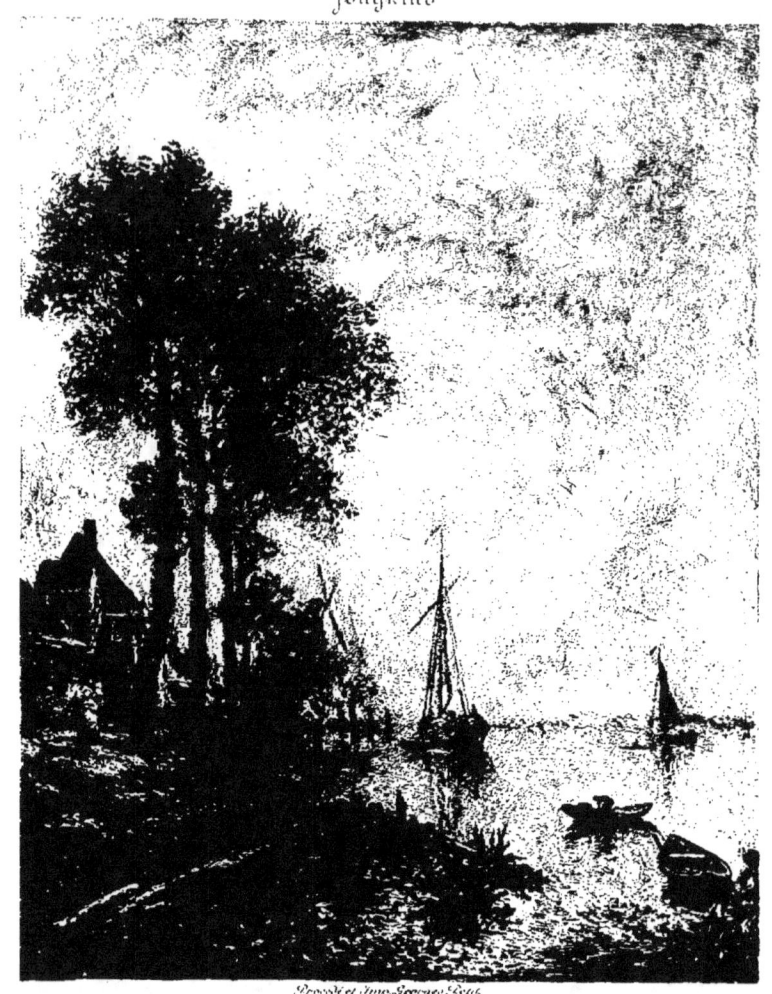

La Meuse

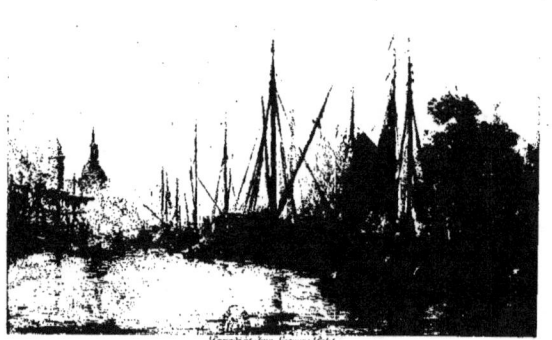

Le Campanile (Rotterdam)

JONGKIND

N° 83

Le Campanile de Rotterdam.

C'est le matin ; le jour qui se lève trouve la surface du canal, les bâtiments à l'ancre et le campanile que l'on aperçoit au fond, à gauche, enveloppés d'une brume transparente. Il tombe du ciel, illuminé de clartés diffuses, des reflets blonds qui frissonnent à la surface de l'eau. A droite, derrière des arbres aux frondaisons balancées par le vent, on aperçoit des maisons devant lesquelles, sur le quai, des gens vont et viennent, selon leurs occupations.

Signé à droite, en bas : *Jongkind, 1856.*

Toile. Haut., 40 cent. 1/2 ; larg., 55 cent. 1/2.

Vente Wilson.

JONGKIND

N° 84

Le Port de Rotterdam

A droite et à gauche, les grands vaisseaux, frégates et sloops de pêche, sont amarrés. Des voiles apparaissent, à demi carguées, et c'est toute une forêt de mâts qui se dressent vers le ciel, dont l'azur disparaît sous une chaude lumière blonde. Au premier plan, des barques évoluent vers la droite, chargées de personnages dont les silhouettes se réfléchissent dans l'eau. A droite et au fond, les maisons construites sur les quais et des moulins.

Signé à gauche, en bas : *Jongkind, 1856*.

Toile. Haut., 55 cent. 1/2 ; larg., 68 cent.

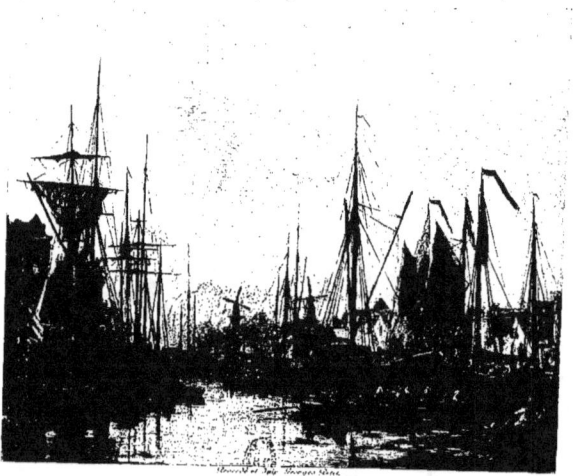

Le Port de Rotterdam

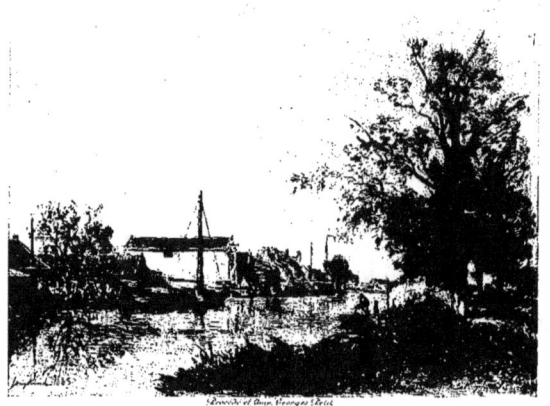

Canal de l'Escaut au printemps

JONGKIND

N° 85

Canal de l'Escaut au printemps

A droite, la campagne plantée d'arbres et dont le bord baigne dans le fleuve; au milieu, l'eau qui court, emportant les reflets du spectacle radieux de ses bords, chalands amarrés, barque où sont des pêcheurs, maisons alignées sur la rive et blondes sous la lumière diffuse du soleil qui met des broderies d'or autour des nuages envolés au-devant de l'azur.

Signé à gauche, en bas : *Jongkind, 1865*.

Toile. Haut., 42 cent.; larg., 56 cent.

JONGKIND

N° 86

Clair de lune.

Au milieu, l'étroit canal dont on aperçoit, au fond, la petite écluse; à droite, au-devant d'une chaumière, trois personnages sont arrêtés : l'un est assis sur le sol, les deux autres se tiennent debout. Derrière eux, de l'autre côté d'un massif d'arbres, on aperçoit l'église dont le clocher aux lignes précises se dresse, sombre, dans le ciel tout illuminé par les reflets de la lune; à gauche, sur l'autre rive du canal, les demeures sont en grande partie cachées par les arbres.

Signé à droite, en bas : *Jongkind, 58*.

Toile. Haut., 42 cent.; larg., 56 cent.

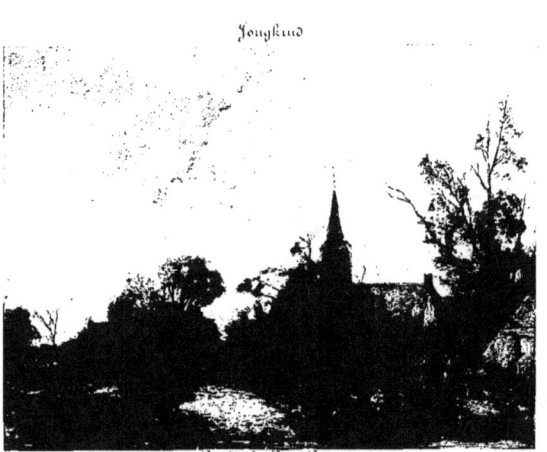

Clair de Lune

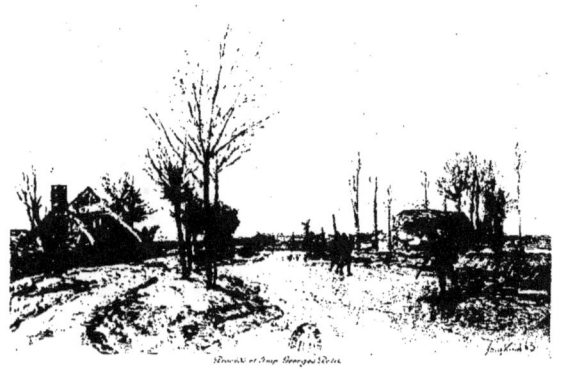

L'Hiver en Hollande

JONGKIND

N° 87

L'Hiver en Hollande.

Le canal est pris ; sur son miroir, où se réfléchit encore le ciel bleu qu'illumine un pâle soleil d'hiver, des hommes glissent, rapides, les pieds armés de patins. A droite et à gauche, le long du canal, les bords sont plantés d'une rangée d'arbres, et derrière chaque rangée on aperçoit deux constructions aux toits couverts de tuiles brunes. La neige, qui est tombée sur le sol, s'est tassée et souillée sous les roues des fardiers dont le sillon s'est creusé à gauche.

Signé à droite, en bas : *Jongkind, 63.*

Toile. Haut., 33 cent.; larg., 46 cent. 1/2.

JONGKIND

N° 88

Patineurs.

Sous le soleil blafard, qui met au ciel clair de belles traînées de lumières, on sent que le vent doit souffler glacial. A droite, le canal est pris ; sur sa surface résistante, des traîneaux et des gens armés de patins glissent et tombent à terre. A gauche, de l'autre côté d'un chemin que traverse un homme, un moulin se dresse. Au fond, à droite, on aperçoit la petite ville de Maarluys, avec son église et ses monuments.

Signé à droite, en bas : *Jongkind, 1864.*

Toile. Haut., 33 cent.; larg., 51 cent. 1/2.

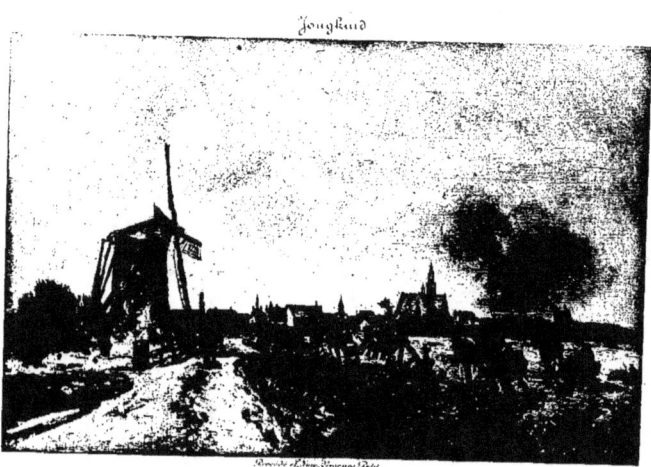

Patineurs

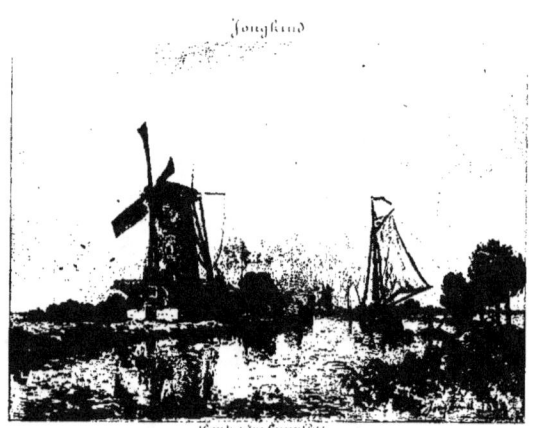

Canal en Hollande au printemps

JONGKIND

N° 89

Canal en Hollande, au printemps.

Dans le canal, dont l'eau court claire et profonde, il tombe du ciel ensoleillé comme une gaîté printanière. Au milieu, sur une des rives, un moulin dresse sa haute silhouette, ayant à son pied une petite demeure au toit de tuiles rouges. A droite, près du bord opposé, passe un sloop de pêche à la grande voile déployée. Plusieurs chalands sont amarrés le long des rives sur lesquelles on voit quelques arbres aux frondaisons claires.

Signé à droite, en bas : *Jongkind, 1869.*

Toile. Haut., 32 cent. 1/2 ; larg., 46 cent.

JONGKIND

N° 94

Le Pont-Royal et le pavillon de Flore.

Les quais, dominés à gauche par le pavillon de Flore et les Tuileries, à droite par l'ancienne caserne d'Orsay. Sur la berge, à gauche, des fardiers viennent charger le sable déchargé des chalands amarrés sur le bord. Au fond, le pont, aux cinq arches de pierre, au-dessus duquel on aperçoit le dôme de l'Institut, et plus loin les tours de Notre-Dame.

Signé à gauche, en bas : *Jongkind*.

Panneau. Haut., 26 cent.; larg., 41 cent.

Exposition rétrospective de la Ville de Paris, 1900.

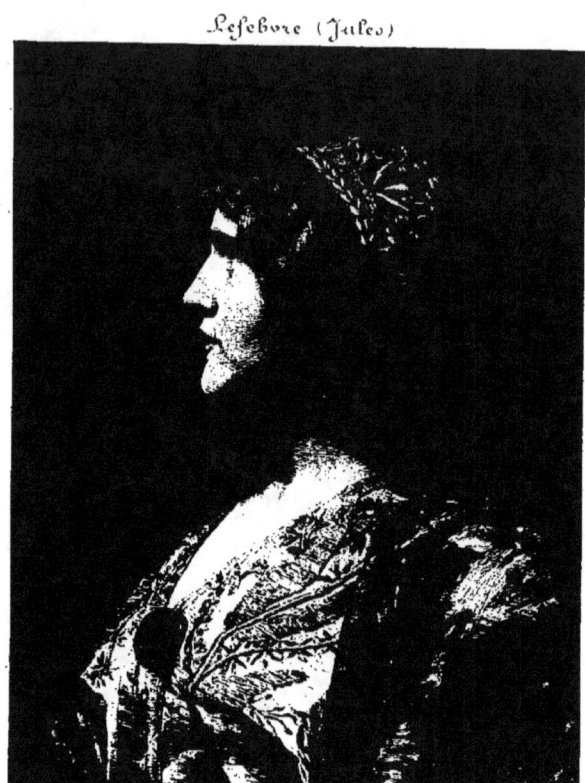

Jeanne la Rousse

LEFEBVRE

(JULES)

N° 95

Jeanne la Rousse.

Une patricienne, dont le profil, à gauche, se dessine sur l'or fauve des cheveux ondulés. Elle est vêtue d'une colobe brodée, fermée sur la poitrine par un bijou émaillé de style roman ; sur l'épaule gauche, une draperie d'un rouge éteint. Le haut de la tête est coiffé d'un escoffion de drap d'or brodé.

Signé à droite, en bas : *Jules Lefebvre.*

Toile. Haut., 57 cent.; larg., 43 cent.

LÉPICIÉ

1735-1784

N° 96

Le Vieux Mendiant.

Il est assis sur une chaise, vu presque de face et jusqu'à mi-jambes, la barbe respectable, l'habit et le gilet usés. Il tient son chapeau de feutre sur ses genoux, la coiffe tournée vers le public, et il tend sa main droite ouverte, la paume en avant. A droite, près de lui, un enfant, debout, vêtu de rose, apprend, lui aussi, à présenter son bonnet à l'aumône.

Toile. Haut., 40 cent.; larg., 32 cent.

Lépine

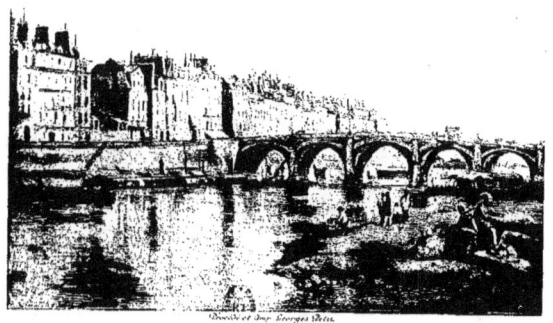

Le Pont Sully

LÉPINE

1835-1892

N° 97

Le Pont Sully.

A gauche, au fond, les maisons de l'île Saint-Louis, dont les façades sur le quai s'éclairent de soleil. A droite, au premier plan, sur la berge, des cardeurs de laines, un homme qui va baigner son chien, puis un groupe de trimardeurs au repos ; le long de la berge opposée, des bateaux lavoirs. Sur le pont, dont les arcades grises se dessinent sous le ciel clair, c'est le mouvement de la ville, les piétons, les voitures, les omnibus, etc.

Signé à droite, en bas : *S. Lépine, 62.*

Toile. Haut., 40 cent.; larg., 55 cent.

LÉPINE

N° 98

Le Bassin du port.

A droite et à gauche, les quais aux constructions hautes. Le long des quais, les navires à l'ancre mettent dans l'eau les reflets de leurs coques noires ou rouges. A l'horizon, une ceinture de collines sous un ciel clair. Au milieu du canal, un chaland évolue par le travers.

Signé à gauche, en bas : *S. Lépine.*

Toile. Haut., 24 cent.; larg., 34 cent.

LÉPINE

N° 99

La Ferme d'Épinay.

Un champ de blé. Au fond, à droite, les constructions de la ferme ; à gauche, une allée d'arbres. Quelques bêtes paissent dans un pré. Au milieu, un paysan et une paysanne sont assis et causent.

Signé à gauche, en bas : *S. Lépine.*

Toile. Haut., 32 cent.; larg., 45 cent.

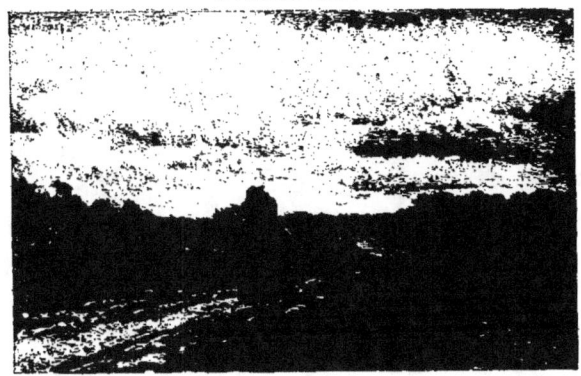

Meissonier

Phœbus et Borée

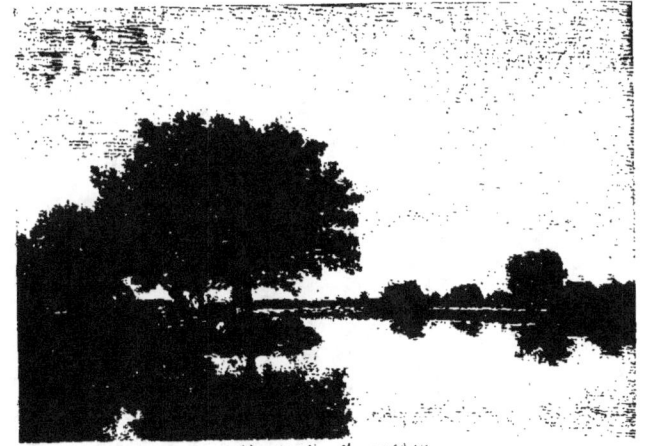

Rousseau (Th.)

Bords de l'Oise

MEISSONIER

(J.-L.-ERNEST)

1815-1891

N° 100

Phœbus et Borée.

Sur le chemin qui serpente à travers une plaine légèrement vallonnée, un cavalier s'en vient, le corps pris dans une cape rouge, le feutre enfoncé sur les yeux, la tête penchée en avant ; son cheval est bai brun. Dans le ciel chargé d'orage, de grandes nuées grises roulent, parfois ourlées de lumière.

Signé en bas, vers le milieu : *E. Meissonier, 1875.*

Panneau. Haut., 11 cent. 1/2 ; larg., 17 cent.

Exposition Meissonier.
Collection du baron de Gunzburg.
Collection Defoer.
Exposition Centennale de l'Art français, 1900.

MUNKACSY

N° 101

Le Goûter.

Tandis que sa mère, de profil à gauche, lui coupe une tranche de pain, l'enfant blond se tient, de profil à droite, attentif et gourmand. A droite, sur une table couverte d'une nappe, un vase.

Signé à gauche, en bas : *M. Munkacsy*.

Panneau. Haut., 44 cent. 1/2 ; larg., 32 cent.

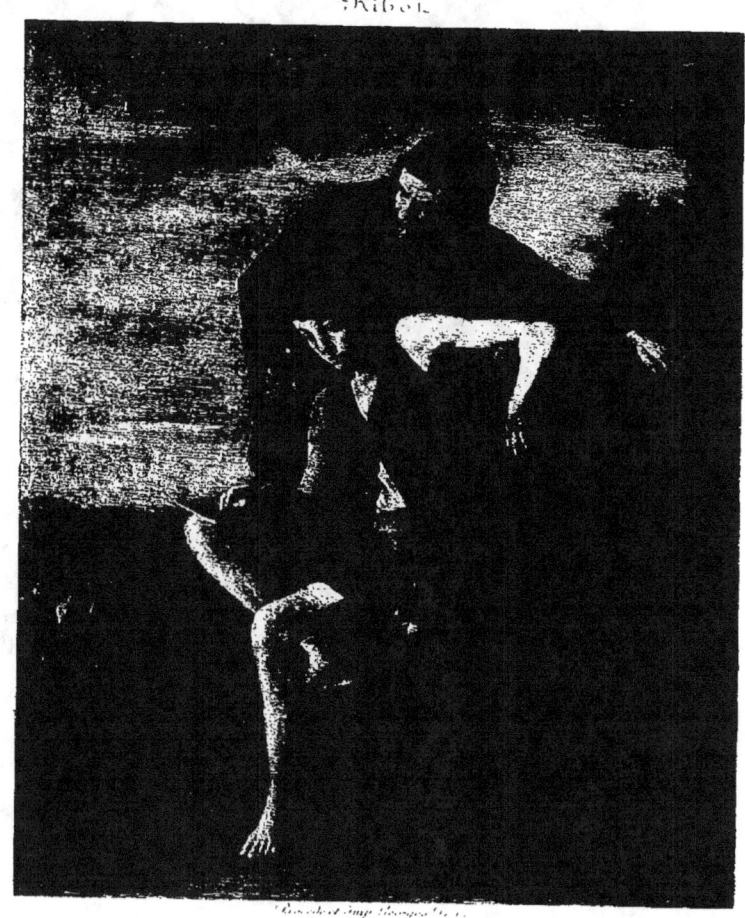

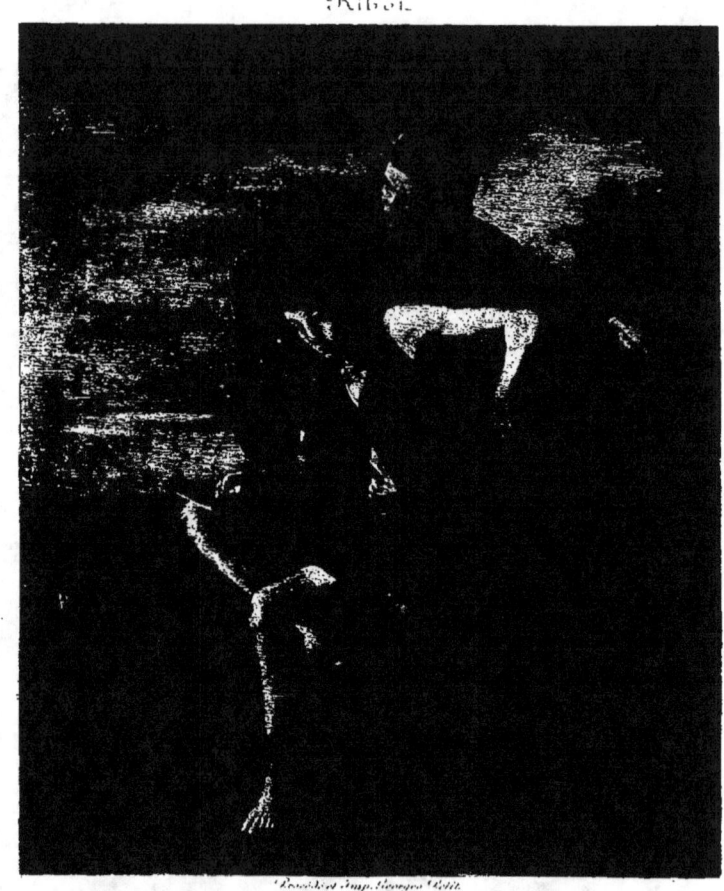

Cimabué et Giotto

RIBOT
1823-1891

N° 102

Cimabuë et Giotto.

Tandis que ses moutons paissent, le jeune pâtre, assis sur une roche, dessine ; derrière lui, un vieux berger regarde par-dessus son épaule et admire.

Signé à gauche, en bas : *T. Ribot*.

Toile. Haut., 91 cent.; larg., 73 cent. 1/2.

Vente Debrousse.

RIBOT

N° 103

Les Forains mélomanes.

Dans une pièce sombre, deux bateleurs sont en train de se régaler d'une aubade. Debout, appuyé contre un meuble, les jambes nues, les pieds dans des espadrilles, en culotte courte, gilet noir, chemise blanche, la musette au côté, l'un, vu de face, chante en s'accompagnant d'une guitare. Il a la tête coiffée d'un feutre noir à plumes blanches. A côté de lui, assis, son compagnon joue de la clarinette ; il est vêtu d'un gilet noir, d'une chemise blanche et d'un pantalon rouge en partie caché par une draperie brune qui lui couvre le haut des cuisses et tombe à terre. A droite, en bas, on aperçoit un singe, fort attentif à une gourde qu'il s'amuse à répandre sur le sol ; il en oublie même deux cerises égarées près de la gourde. A gauche, sur le sol également, un pichet d'étain, deux gobelets, dont un renversé, en même métal, et une cigarette éteinte.

Signé à gauche, en bas : *T. Ribot.*

Toile. Haut., 45 cent.; larg., 37 cent. 1/2.

RIBOT

N° 104

Portrait de femmme (la mère de l'artiste).

De trois quarts à gauche, vue jusqu'à mi-corps, en vêtement sombre.

Signé à droite, en bas : *T. Ribot.*

Toile. Haut., 55 cent.; larg., 46 cent. 1/2.

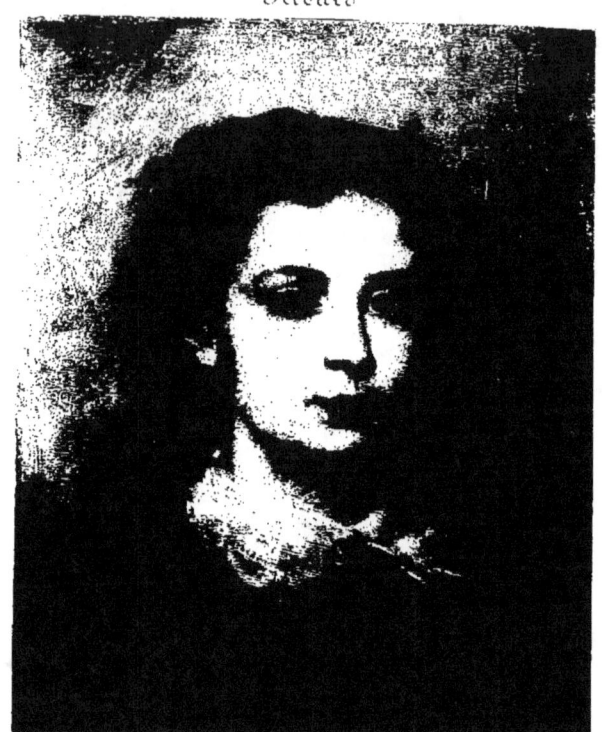

Mlle de Calonne

RICARD

1823-1872

N° 105

Mlle de Calonne.

Elle est vue presque de face, jusqu'à la poitrine, en corsage noir au col de mousseline rabattu. Ses cheveux à reflets fauves ondulent sur le front et, noués en chignon derrière la tête, laissent échapper quelques boucles qui encadrent d'une caresse la ligne pure du col ; l'oreille est rose et fine, les yeux sont noirs et profonds, le nez est délicat ; la bouche, aux lèvres rouges, a de l'expression et de la volonté. Le visage est d'une courbe de jeunesse et de grâce d'une attachante séduction.

Panneau. Haut., 41 cent.; larg., 33 cent.

Collection Georges Feydeau.

ROBERT-FLEURY

(JOSEPH-NICOLAS)

1797-1890

N° 106

Bernard Palissy.

Il est assis sur un coffre, les bras croisés sur les cuisses, le haut du corps vêtu d'un pourpoint de velours marron, légèrement penché en avant, les jambes serrées dans des chausses grises. Il tourne sa tête grave et inquiète vers la droite. Derrière lui, sur un fourneau de brique, se trouve une figurine et un plat creux. Par terre, près du fourneau, deux plats sont posés, puis un soufflet.

Daté : *1839*.

Toile. Haut., 51 cent.; larg., 41 cent.

Exposition Centennale de l'Art français, 1900.

ROUSSEAU

(PHILIPPE)

N° 107

Le Narghilé.

Sur une table, en partie cachée par un tapis d'Orient, on a disposé un narghilé, un gibier mort, une corne montée en poudrière, etc.

Signé à gauche, en bas : *P. Rousseau.*

Panneau. Haut., 20 cent.; larg., 25 cent.

ROUSSEAU

(THÉODORE)

1812-1867

N° 108

Bords de l'Oise.

Le paysage est pris d'un endroit où la rivière fait un coude. A gauche, un massif d'arbres aux branches touffues se réfléchit dans l'eau, ainsi que le ciel bleu tendre, où s'envolent des nuées grises. A l'ombre du premier arbre du massif, un bel arbre dont l'écorce miroite sous le jeu des lumières, une femme en camisole blanche est assise près du bord de l'eau.

L'autre rive apparaît à droite et au fond, plaine calme, dont les verdures sont parfois interrompues par quelques massifs d'arbres. Et l'eau, entre les rives, coule, profonde et claire, offrant au spectacle radieux de la nature qui l'entoure son miroir calme et transparent.

Signé à gauche, en bas : *Th. Rousseau*.

Panneau. Haut., 17 cent. 1/2; larg., 24 cent.

Exposition des Cent chefs-d'œuvre, 1883.

SERVIN

(AMÉDÉE)

N° 109

Le Tir à l'arc, à Villiers-sur-Morin.

Le site est printanier; la compagnie des archers s'en fut dès le matin; les cibles sont posées. Par groupe, les archers discutent les coups, tandis que les tambours laissent reposer leurs caisses; il y a là des blouses bleues en camaraderie avec des redingotes noisette, des casquettes qui ne s'humilient pas de chapeaux haut de forme d'ineffables calibres. Au-dessus de ces plaisirs humains s'élèvent les grands arbres aux feuillages frissonnants, dont les cimes se balancent sur un fond de ciel d'azur, où courent quelques nuées fauves.

Toile. Haut., 27 cent.; larg., 46 cent.

Exposition Centennale de l'Art français, 1900.

SERVIN

(AMÉDÉE)

N° 110

Épierreurs et brûleurs d'herbes.

Tandis qu'à l'horizon passent les bœufs tirant la charrue dans le champ, les épierreurs, agenouillés sur le sol, poursuivent leur ingrate besogne, et l'un d'eux, pour se distraire, un gars qui n'a pas froid aux yeux, lutine une fille qui se débat.

Signé à gauche, en bas : *A. Servin, 57*.

Toile. Haut., 68 cent.; larg., 98 cent.

SERVIN

(AMÉDÉE)

N° 111

Le Marché de Meaux.

C'est jour de marché, et sur le cours, devant les vieilles maisons, les marchands ont déployé leurs bâches. A droite, un vieux marchand de marrons semble avoir du succès, si l'on en croit la fillette et les jeunes garçons qui se sont arrêtés devant son fourneau.

Signé à gauche, en bas : *A. Servin*.

Toile. Haut., 94 cent.; larg., 69 cent. 1/2.

STEVENS
(ALFRED)

N° 112

La Jeune Femme au chien.

Elle est assise dans un fauteuil, vêtue d'une robe d'intérieur havane à rayures satinées. Dans ses bras, elle serre un petit caniche blanc, à l'air grave, aux yeux brillants. Elle incline vers la bête son profil de blonde attendrie.

Signé à droite, en haut, du monogramme : *A. S.*

Panneau. Haut., 26 cent.; larg., 20 cent.

Exposition Stevens, n° 112.

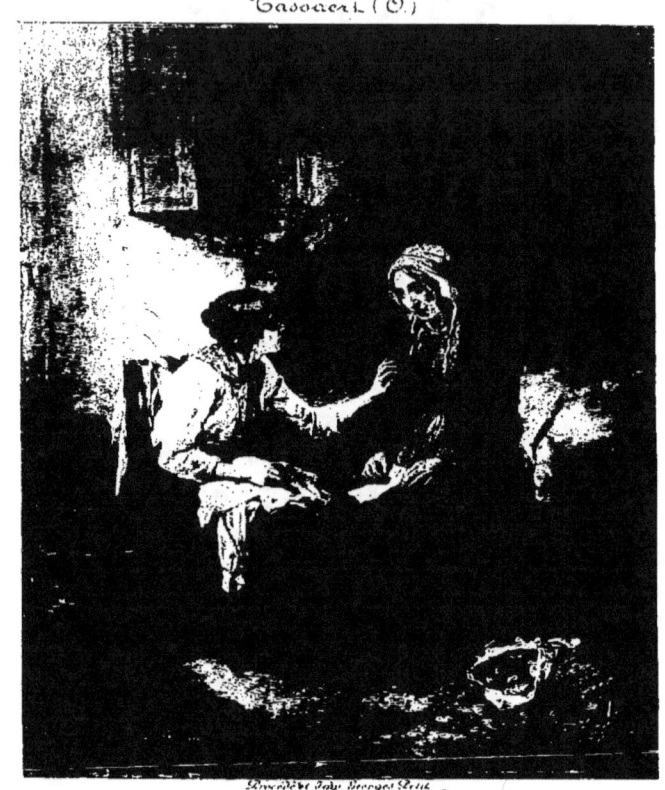

La Mauvaise Nouvelle

TASSAERT
(OCTAVE)
1800-1874

N° 113

La Mauvaise Nouvelle.

Un pauvre taudis : un lit au fond, sous l'appentis d'une soupente; contre le mur, un crucifix et une branche de buis ; au milieu de la pièce, une femme âgée, assise : elle est vêtue d'une robe grise, d'un châle rouge; elle est coiffée d'un bonnet blanc, sous une marmotte bleue, rayée de rouge ; ses yeux sont baignés de larmes ; son visage est émacié par la douleur ; ses mains amaigries tombent sans force sur ses genoux, où elles retiennent une lettre ouverte ; près d'elle, assise également, une jeune fille, de profil à droite, en jupe marron et chemise blanche, un foulard noué négligemment autour du col, s'interrompt de ravauder son linge pour essayer sur la visiteuse que sa main attire, caressante, des paroles de consolation, hélas ! toujours vaines.

Près de la jeune fille, dont le soleil éclaire les beaux cheveux châtains, séparés en bandeau sur le front, un chien est assis sur le carrelage du taudis ; il semble lui aussi mélancolique ; à droite, à terre, des pommes de terre dans une serviette mal attachée, et quelques légumes échappés d'un cabas.

Signé à droite, en bas : *O. Tassaert, 1855.*

Toile. Haut., 55 cent. 1/2 ; larg., 46 cent. 1/2.

Exposition universelle de 1855.

Il était intitulé alors : *La triste Nouvelle.*

Dans son compte rendu, *Les Beaux-Arts en Europe*, Théophile Gautier s'exprime comme il suit :

« Qu'annonce cette lettre funeste ? La mort, la ruine, l'abandon ? Nous n'avons pu la lire que dans les larmes, le frisson nerveux, et l'abattement de celle qui la reçoit et la tient encore d'une main tremblante, affaissée sur une chaise ; mais le tableau est bien nommé *La triste Nouvelle.* »

Vente Barré, 1858.
Vente Barré, mars 1864.

TASSAERT

(OCTAVE)

N° 114

L'Enfant malade.

Le petit malade est couché, la tête penchée, les yeux clos : il dort, calme, mais pâle. Près de lui, à droite, assise sur une chaise et vue de trois quarts à gauche, sa sœur s'est arrêtée de lire et tient sur ses genoux le volume ouvert. Elle est vêtue d'une robe grise, en partie cachée par un tablier noir ; ses cheveux blonds sont tressés en une natte qui pose sur le dossier de la chaise. Elle regarde avec une tendresse douloureuse l'enfant, dont la convalescence est lente. La fenêtre close apparaît derrière un rideau bleu vert à demi relevé. Près de l'enfant, sur une table de bois, on aperçoit une lampe, une carafe, une tasse et une fiole à médicament.

Signé vers la droite, en bas : *O. Tassaërt, 1856.*

Toile. Haut., 32 cent. 1/2 ; larg., 24 cent.

TASSAERT

(OCTAVE)

N° 115

L'Anxiété.

L'homme est assis, grave, en son costume de pèlerin de la misère; derrière lui, la neige a accroché aux arbres ses broderies blanches; sur le sol, de la neige également. L'homme tourne son regard vers la droite, et sa main gauche se crispe sur son bâton de voyageur. Mais, à sa droite, appuyé près de lui, son enfant dort, ignorant les soucis et les angoisses. Devant lui, un chien est assis sur son arrière-train et veille.

Signé à droite, en bas : *O. Tassaërt, 1855.*

Toile. Haut., 55 cent.; larg., 46 cent.

Ce tableau fut aussi intitulé : *Le Repos du pâtre.*

Vente Baron, mars 1861.
Vente M., février 1884.

TROYON

1810-1865

N° 116

L'Orage.

Le ciel est tout chargé de nuées lourdes qui vont s'effondrer en averse.

Dans la plaine, une vache noire, tachée de blanc, et vue de profil à droite, tourne la tête et renifle, sentant l'orage qui vient. Derrière elle, une autre vache bai clair, vue de trois quarts et de dos, interroge également l'horizon menaçant. A droite, deux chèvres s'arrêtent de brouter. Le berger demeure assis plus loin, vu de dos.

Signé à gauche, en bas : *C. Troyon.*

Toile. Haut., 46 cent.; larg., 55 cent. 1/2.

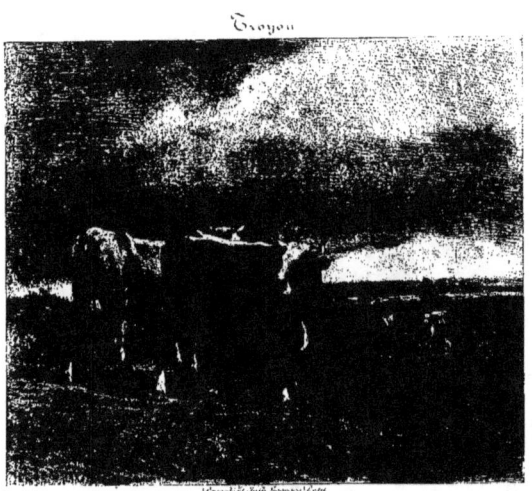

TROYON

Nº 117

Soleil couchant sur la plaine.

Le jour décline; au-dessus de la plaine découverte, le ciel immense est tout embrasé. C'est la dernière féerie du soleil qui est descendu, comme une toile de fond, derrière l'horizon. Au premier plan, une petite mare reçoit les reflets fauves tombés d'en haut. A gauche, plus loin, les meules se dressent, masses d'ombre dans cette lumière d'incendie.

Signé à gauche, en bas : *C. T.*

Panneau. Haut., 14 cent. 3/4; larg., 21 cent.

VOLLON

N° 118

Le Dessert.

Sur une table, dont le coin est caché par un tapis vert, une aiguière de vermeil contient dans son plateau une poire, des pêches, des raisins blancs et noirs. Quelques fruits ont glissé du plateau, une pêche ouverte, quelques grapillons de raisins, un melon dont une tranche est enlevée.

L'aiguière se dessine sur un fond de tenture marron, à décor de larges rinceaux.

Signé à droite, en bas : *A. Vollon.*

Toile. Haut., 65 cent.; larg., 81 cent.

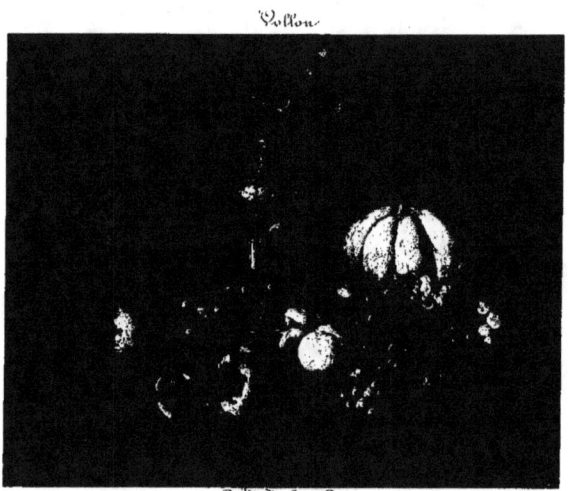

Le Dessert

Venise

ZIEM

(FÉLIX)
1821

N° 119

Venise.

A droite et à gauche, le long du quai, des bateaux aux larges voiles sont amarrés ; les pêcheurs et les gondoliers se tiennent, soit debout, comme on en voit à droite, soit assis sur les dalles du quai, comme le groupe de gauche ; au fond, de l'autre côté du canal, l'église et la tour de Sainte-Marie-Majeure, aux murs de briques roses sous la clarté chaude du soleil, les dômes, puis le ciel, le ciel d'azur, le ciel où le soleil jette un poudroiement d'or. Dans l'air pur et léger, les flammes des vaisseaux. rouges et roses, claquent à l'extrémité des mâts.

Signé à gauche, en bas : *Ziem*.

Toile. Haut., 74 cent.; larg., 54 cent.

ZIEM

(FÉLIX)

N° 120

La Tour de Léandre, à Constantinople.

A gauche, en avant du quai aux constructions de pierre, elle se dresse, la tour aux créneaux étroits, comme une sentinelle vigilante à l'entrée du Bosphore; à droite, des bateaux de pêche sont amarrés. Au premier plan, une berge dont s'éloigne une longue barque chargée de voyageurs et que trois hommes, dans l'eau jusqu'à mi-jambes, poussent vers le large. Au milieu, l'eau courante, l'eau profonde, à la surface de laquelle mille facettes s'allument sous la splendeur du soleil. Dans le ciel bleu et pur, les nuées planent en traînées d'or fauve.

Signé à gauche, en bas : *Ziem*.

Panneau. Haut., 21 cent. 1 2; larg., 28 cent. 1/2.

Exposition Centennale de l'Art français, 1900.

PASTELS

Aquarelles & Dessins

BARYE
1795-1875

N° 121

Le Tigre cherchant une proie.

Dans le désert : un tigre, de profil à gauche, marche, les pattes posant sans bruit sur le sol, l'œil à demi clos et pourtant attentif, la gueule à demi ouverte et grinçante, la queue se relevant en boucle près du sol.

Aquarelle.

Signé à droite, en bas : *Barye.*

Haut., 24 cent.; larg., 32 cent. 1/2.

Exposition Centennale de l'Art français, 1889.

BOILLY

N° 122

Les Tondeurs de chiens.

Le mari et la femme, tout deux occupés à tondre et à peigner les chiens qu'on leur confie. Près d'eux, une autre personne, assise, les regarde faire.

Dessin au crayon rehaussé de blanc, sur papier chamois.

Signé à gauche, en bas : *L. Boilly*.

Haut., 30 cent. 1/2 ; larg., 38 cent.

BOILLY

N° 123

Enfant jouant avec un chien.

La jeune femme porte sur ses bras l'enfant qui montre au chien un biscuit que celui-ci se prépare à attraper.

Dessin à la pierre noire.

Signé en bas, vers le milieu : *L. Boilly*.

Haut., 46 cent. 1/2 ; larg., 53 cent. 1/2.

Exposition Centennale de l'Art français, 1889.

BOILLY

N° 124

Ménagère en train de moudre du café.

Dessin.
Cadre en bois sculpté.
Signé à droite, en bas : *L. Boilly*.

Haut., 48 cent.; larg., 39 cent.

BOILLY

N° 125

Portrait de Prud'hon.

Dessin.

Haut., 24 cent. 1/2; larg., 20 cent.

Exposition Centennale de l'Art français, 1900.

BOILLY

N° 126

Portrait d'homme.

De trois quarts à gauche, vu jusqu'à la poitrine, en cravate et gilet blancs, et habit noir.
Pastel de forme ovale.
Signé à gauche, vers le milieu : *Louis Boilly*.

Haut., 26 cent.; larg., 20 cent.

BOILLY

N° 127

Portrait de Demarne.

Dessin.

Haut., 25 cent. 1/2 ; larg., 20 cent.

Exposition Centennale de l'Art français, 1900.

BOILLY

N° 128

Portrait de Boilly, par lui-même.

Dessin.

Haut., 25 cent. ; larg., 20 cent.

Exposition Centennale de l'Art français, 1900.

BONVIN

(F.)

N° 129

Intérieur hollandais.

Une jeune femme, vue de dos, en caraco rouge et coiffe blanche, est assise et lit un livre qu'elle tient ouvert des deux mains. Dans la pièce où elle se trouve, les petites fenêtres à croisillons, tamisent avec modération un gai soleil. Aux murs de la pièce, plusieurs tableaux sont suspendus.

Aquarelle.

Haut., 15 cent.; larg., 11 cent.

BONVIN

(F.)

N° 130

Jeune Paysanne mangeant un bol de soupe.

Elle est assise de trois quarts à droite, le genou gauche relevé, le pied portant sur un tabouret, et plonge dans un bol la cuiller qu'elle tient de la main droite.

Dessin au crayon noir rehaussé de blanc, sur papier gris bleu.
Signé à droite, en bas : *F. Bonvin, 49*.

Haut., 36 cent.; larg., 26 cent. 1/2.

COURBET

(GUSTAVE)

N° 131

Les Demoiselles de la Seine. (Étude.)

Dessin au fusain.

Haut., 47 cent.; larg., 55 cent.

Exposition Centennale de l'Art français, 1900.

DAUMIER

N° 132

Les Chanteurs populaires.

L'homme tourne la manivelle de son orgue ; la femme, un papier à la main, hurle son refrain de toute l'ampleur de sa bouche ouverte. Derrière eux, le populo s'est massé et écoute, avec une attention vraiment risible, ce concert improvisé qui, parfois se prolonge trop, selon le gré des voisins.

Aquarelle et lavis d'encre de Chine.

Haut., 33 cent.; larg., 28 cent. 1/2.

FRANÇAIS

N° 133

Beaulieu.

Aquarelle.

Signé à droite, en bas : *Français.*

Haut., 18 cent.; larg., 28 cent.

HARPIGNIES

N° 134

Le Torrent, au fond de la vallée.

Aquarelle.

Signé à gauche, en bas : *Harpignies, 91*.

Haut., 39 cent.; larg., 30 cent.

GILBERT
(VICTOR)

N° 135

La Récureuse.

Aquarelle.

Signé en haut, à gauche.

Haut., 29 cent.; larg., 23 cent.

JACQUET

N° 136

La Parisienne.

Elle est vue jusqu'à la poitrine, en corsage décolleté, une pèlerine de velours noir, ouverte, jetée sur les épaules; ses cheveux blonds, coquettement coiffés, apparaissent sous une petite fanchon de dentelle blanche; la tête est de face, légèrement renversée; les joues sont roses, les lèvres mutines et souriantes, les yeux spirituels.

Pastel.

Signé à gauche, en bas : *G. Jacquet*.

Haut., 45 cent.; larg., 38 cent.

JONGKIND

N° 137

Vieille Porte d'entrée, à Rotterdam.

A gauche, la construction ancienne, restaurée en 1850, qui semble veiller sur l'entrée du port.

A droite, un voilier s'avance; plus à droite encore, deux hommes manœuvrent une barque qu'ils vont amarrer à un pilotis.

Dans l'eau clapotante, des reflets jouent autour des choses et empruntent également au ciel ensoleillé son image d'azur et de lumière.

Signé en bas, à gauche : *Jongkind 1870.*

Aquarelle sur papier crème.

Haut., 30 cent.; larg., 49 cent.

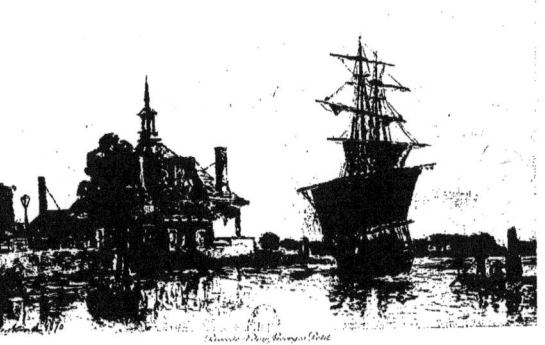

Vieille porte d'entrée à Rotterdam

JONGKIND

N° 138

Notre-Dame et le pont de la Tournelle.

La berge de la Seine, à gauche ; à droite, le fleuve qui dessine un coude à l'avant de l'île Saint-Louis ; puis, au fond, dominant le pont, le chevet de Notre-Dame, et les tours, masse auguste dont la dentelle de pierre se dessine sur le ciel clair, aux nuages légers.

Signé à gauche, en bas : *Jongkind*.
Daté à droite, en bas : *Paris, 6 juin 1863*.
Aquarelle.

Haut., 34 cent.; larg., 53 cent.

JONGKIND

N° 139

Le Chantier au bord d'un canal.

Aquarelle sur papier blanc.
Signé à gauche, en bas : *Jongkind*.

Haut., 36 cent. 1/2 ; larg., 30 cent.

JONGKIND

N° 140

Canal à Rotterdam.

Aquarelle sur papier vergé blanc.
Signé à gauche, en bas : *Jongkind*.

Haut., 26 cent. 1/2 ; larg., 39 cent.

JONGKIND

N° 141

Canal, près de Rotterdam.

Aquarelle sur papier vergé blanc.
Signé à droite, en bas, du timbre de la vente.

Haut., 22 cent. 1/2 ; larg., 35 cent. 1/2.

JONGKIND

N° 142

L'Escaut à Anvers.

Aquarelle sur papier blanc.
Signé en bas : *Jongkind, Anvers, 2 octobre 66.*

Haut., 19 cent.; larg., 29 cent.

JONGKIND

N° 143

Propos de table.

Actualité.
Aquarelle.
Signé à gauche, en bas : *Jongkind, 1876.*

Haut., 16 cent.; larg., 43 cent.

JONGKIND

N° 144

Canal en Hollande.

Aquarelle.

Haut., 23 cent.; larg., 26 cent.

KOEKKOEK

(B.-C.)

N° 145

Les Bateleurs au temps de la fête dans un parc.

Aquarelle.

Signé à droite, en bas : *B.-C. Koekkoek, 1830.*

Haut., 22 cent. 1/2; larg., 31 cent. 1/2.

MILLET

(J.-F.)

1814-1875

N° 146

Paysage d'Auvergne.

Au fond, la montagne dessine son dôme sous le ciel bleu, où s'envolent de grands nuages blancs.

Dans les premiers plans, à gauche, une bergère se tient debout au sommet d'un pli de terrain. A l'ombre d'un massif d'arbres, la tête coiffée d'un chapeau de paille, les épaules protégées par un fichu rouge, elle tire, d'un large geste du bras droit, les brins de sa quenouille retenue sous le bras gauche. Devant elle, sur le sol accidenté, ses chèvres broutent l'herbe rare et les feuilles des arbustes.

Pastel.

Signé à droite, en bas : *J.-F. Millet.*

Haut., 43 cent.; larg., 62 cent.

Exposition Centennale de l'Art français, 1900.

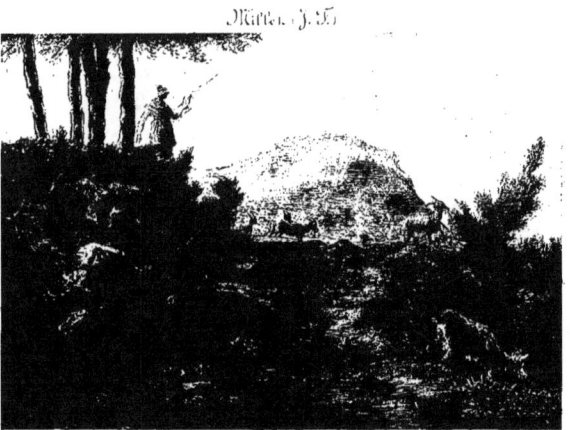

Paysage d'Auvergne

MILLET
(J.-F.)

N° 147

Femme en train de ravauder du linge.

Dessin au crayon sur papier bleuté.
Signé à gauche, en bas, du monogramme de la vente : *J.-F. M.*

Haut., 34 cent.; larg., 25 cent.

MILLET
(J.-F.)

N° 148

Le Vanneur.

Étude au crayon sur papier chamois.
Signé deux fois du monogramme de la vente : *J.-F. M.*

Haut., 37 cent.; larg., 27 cent.

MILLET
(J.-F.)

N° 149

Étude pour l'Homme à la houe.

Dessin au crayon sur papier gris.
Signé en bas du monogramme de la vente : *J.-F. M.*

Haut., 25 cent. 1/2; larg., 14 cent.

MILLET
(J.-F.)

N° 150

La Leçon de tricot.

Dessin au crayon sur papier blanc.
Signé à droite, en bas : *J.-F. M.*

Haut., 26 cent.; larg., 19 cent. 1/2.

NOËL
(J.)

N° 151

Au Bord de la mer.

Aquarelle.
Signée à droite, en bas : *Jules Noël, 1876.*

Haut., 28 cent.; larg., 37 cent.

ROUSSEAU
(THÉODORE)

N° 152

La Chaumière dans la verdure.

Par la brèche faite dans le mur, on aperçoit, de l'autre côté d'une haie vive, des arbres, puis le toit de chaume d'une ferme ; à côté, un toit de tuiles rouges.

Signé à gauche, en bas : *Th. R.*
Aquarelle.

Haut., 13 cent.; larg., 20 cent. 1/2.

ROUSSEAU

(THÉODORE)

N° 153

Le Sentier qui mène à la ferme.

Aquarelle.
Signé à droite, en bas : *Th. R.*

Haut., 6 cent. 1/2 ; larg., 13 cent.

VERNET

(CARLE)

N° 154

Bataille de Marengo (1800).

Dessin à la sépia et au lavis d'encre de Chine.

Haut., 30 cent. 1/2 ; larg., 50 cent.

Exposition Vernet.
Exposition Centennale de l'Art français, 1900.

BRONZES[1]

BARYE
1795-1875

N° 155

Thésée combattant le centaure Biénor.

Assise de forme allongée.
Patine antique.

Haut., 33 cent.; long., 35 cent.; larg., 9 cent.

Exposition Centennale de l'Art français, 1900.

N° 156

Gaston de Foix.

Base rectangulaire.
Patine argent.

Haut., 32 cent.; long., 31 cent.; larg., 9 cent.

Exposition Centennale de l'Art français, 1900.

1. Tous ces bronzes ont figuré à l'Exposition Barye, à l'École des Beaux-Arts.

BARYE

N° 157

Cavalier arabe tuant un lion.

Base de forme ovale.

Haut., 38 cent.; long., 3o cent. 1/2; larg., 12 cent. 1/2.

Exposition Centennale de l'Art français, 1900.

N° 158

Thésée combattant le Minotaure.

Assise rectangulaire.

Haut., 45 cent. 1/2; larg., 29 cent. 1/2; prof., 16 cent.

Exposition Centennale de l'Art français, 1900.

N° 159

Dromadaire d'Égypte portant un harnachement.

Patine médaille.
Base de forme ovale.

Haut., 26 cent.; long., 24 cent.; larg., 8 cent. 1/2.

Exposition Centennale de l'Art français, 1900.

BARYE

N° 160

Faisan.

Patine médaille.
Socle marbre.

Haut., 10 cent. 1/2; long., 20 cent.; larg., 4 cent. 1/2.

N° 161

Jaguar dévorant un mouton.

Patine antique.
Base de forme rectangulaire.

Haut., 7 cent ; long., 23 cent.; larg., 9 cent.

N° 162

Braque en arrêt.

Patine antique.
Base de forme allongée.

Haut., 9 cent.; long., 17 cent. ; larg., 6 cent.

N° 163

Tigre surprenant une antilope.

Patine antique.
Base de forme allongée.

Haut , 35 cent.; long., 55 cent.; larg., 22 cent.

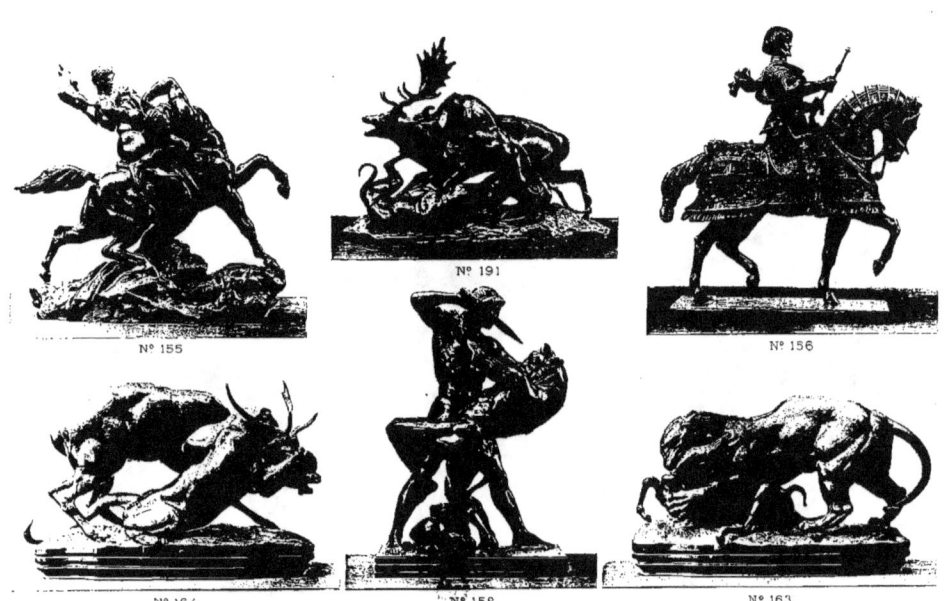

BARYE

N° 164

Grande panthère saisissant un cerf du Gange.

Patine médaille.
Base de forme allongée.

Haut., 38 cent.; long., 54 cent.; larg., 22 cent.

N° 165

Basset.

Patine médaille.
Base de forme rectangulaire aux coins arrondis.

Haut., 16 cent. 1/2; long., 33 cent.; larg., 9 cent. 1/2.

N° 166

Panthère couchée.

Patine antique.
Monté sur marbre noir.
Forme de l'assise longitudinale.

Haut., 6 cent. 1/2 ; long., 19 cent.; larg., 6 cent.

N° 167

Le Taureau tête baissée.

Patine antique.
Base de forme rectangulaire.

Haut., 19 cent.; long., 27 cent. 1/2 ; larg., 10 cent. 1/2.

BARYE

N° 168

Lion au serpent n° 1

Patine antique.
Base de forme ovale.

Haut., 26 cent. 1/2; long., 35 cent. 1/2; larg., 18 cent.

N° 169

Ours dans son auge.

Base de forme rectangulaire.

Haut., 11 cent.; long., 14 cent.; larg., 9 cent.

N° 170

Ours monté sur un arbre et mangeant un hibou.

Base de forme polygonale.
Patine giroflée et antique.

Haut., 19 cent.; long., 18 cent.; larg., 11 cent.

N° 171

Tigre dévorant un gavial.

Patine médaille.
Base de forme allongée, les hauts arrondis.

Haut., 18 cent.; long., 50 cent.; larg., 16 cent.

Exposition Centennale de l'Art français, 1900.

BARYE

N° 172
Lion assis.

Patine médaille.

Base de forme ovale.

Haut., 36 cent.; long., 32 cent.; larg., 15 cent. 1/2.

Exposition Centennale de l'Art français, 1900.

N° 173
Cheval surpris par un lion.

Patine antique.

Base de forme ovale.

Haut., 40 cent.; long., 40 cent.; larg., 13 cent.

Exposition Centennale de l'Art français, 1900.

N° 174
L'Aigle au héron.

Patine antique.

Base de forme polyédrique.

Haut., 29 cent.; long., 32 cent.; larg., 22 cent.

Exposition Centennale de l'Art français, 1900.

BARYE

N° 175

Lion qui marche.

Patine giroflée.

Base de forme rectangulaire.

Haut., 23 cent.; long., 39 cent.; larg., 10 cent. 1/2.

Exposition Centennale de l'Art français, 1900.

N° 176

Tigre qui marche.

Patine giroflée.

Base de forme rectangulaire.

Haut., 21 cent.; long., 39 cent.; larg., 10 cent.

Exposition Centennale de l'Art français, 1900.

N° 177

Lion de la Colonne de Juillet.

Patine antique.

Bas-relief.

Haut., 21 cent.; long., 41 cent. 1/2; larg., 4 cent. 1/2.

Exposition Centennale de l'Art français, 1900.

BARYE

N° 178

Une Chimère.

Figure d'applique de haut-relief.
Patine médaille.

Haut., 17 cent.; larg., 9 cent.; relief, 3 cent. 1/2.

Exposition Centennale de l'Art français, 1900.

N° 179

Épagneul en arrêt sur un lapin.

Patine médaille.
Base de forme ovale allongée.

Haut., 12 cent.; long., 21 cent.; larg., 8 cent. 1 2.

N° 180

Cerf qui marche et brame.

Patine giroflée.
Base de forme allongée.

Haut., 19 cent. 1/2; long., 17 cent.; larg., 5 cent.

N° 181

Braque en arrêt sur un faisan.

Patine médaille.
Base de forme ovale allongée.

Haut., 12 cent.; long., 21 cent.; larg., 8 cent. 1/2.

BARYE

N° 182

Le Général Bonaparte.

Assise rectangulaire.
Patine médaille.

Haut., 35 cent.; long., 32 cent.; larg., 10 cent. 1/2.

N° 183

Cerf aux écoutes.

Patine giroflée.
Base de forme allongée, aux extrémitées arrondies.

Haut., 20 cent.; long., 16 cent.; larg., 6 cent.

N° 184

Éléphant de Cochinchine trottant.

Patine médaille et giroflée.
Base de forme heptagonale irrégulière.

Haut., 15 cent. 1/2; long., 22 cent.; larg., 7 cent. 1/2.

N° 185

Biche couchée la tête levée.

Base de forme rectangulaire.
Patine antique.

Haut., 9 cent.; long., 15 cent.; larg., 6 cent.

BARYE

N° 186

Biche couchée, tête baissée.

Base rectangulaire.
Patine médaille.

Haut., 5 cent.; long., 15 cent.; larg , 6 cent.

N° 187

Panthère terrassant un zibet.

Patine médaille.
Base de forme pentagonale.

Haut., 10 cent. 1/2; long., 21 cent.; larg., 8 cent.

N° 188

Dromadaire d'Algérie.

Patine giroflée.
Base de forme ovale.

Haut., 20 cent.; long., 22 cent.; larg., 8 cent.

N° 189

Jaguar marchant.

Patine antique.
Base de forme presque trapézoïdale.

Haut., 12 cent.; long., 22 cent.; larg., 7 cent.

BARYE

N° 190

Ours terrassé par des chiens de grande race.

Patine médaille.
Base de forme irrégulière, allongée.

Haut., 31 cent.; long., 42 cent.; larg., 19 cent.

Exposition Centennale de l'Art français, 1900.

N° 191

Cerf terrassé par trois lévriers.

Patine médaille.
Base de forme elliptique.

Haut., 27 cent.; long., 36 cent.; larg., 14 cent. 1/2.

Exposition Centennale de l'Art français, 1900.

N° 192

Lion au serpent n° 3.

Patine antique.
Base de forme ovale.

Haut., 15 cent.; long., 18 cent.; larg., 11 cent.

Exposition Centennale de l'Art français, 1900.

N° 193

Épagneul.

Base de forme ovale allongée.
Patine giroflée et antique.

Haut., 11 cent.; long., 16 cent. 1/2; larg., 6 cent.

BARYE

N° 194

Lion terrassant un sanglier. (Modèle.)

Patine médaille.
Base ovale allongée.

Haut., 40 cent.; long., 47 cent., larg , 23 cent.

N° 195

Lion terrassant un izard. (Modèle.)

Patine médaille.
Pendant du précédent.

Haut., 40 cent.; long., 47 cent.; larg., 23 cent.

N° 196

L'Empereur. (Modèle.)

Patine antique.
Base de forme rectangulaire avec des extrémités cintrées.

Haut., 45 cent.; long., 35 cent.; larg., 15 cent.

N° 197

Cerf, la tête baissée. (Modèle.)

Patine médaille.
Base rectangulaire.

Haut., 15 cent.; long., 25 cent.; larg., 9 cent.

BARYE

N° 198

Le Loup venant de dépouiller une proie. (Modèle.)

Patine giroflée.

Base de forme ovale.

Haut., 27 cent.; long., 36 cent.; larg., 13 cent.

N° 199

Femme du temps de Henri II sur une hacquenée. (Modèle.)

Base de forme rectangulaire.

Haut., 40 cent.; long., 30 cent.; larg., 10 cent. 1/2.

N° 200

Lion dévorant un sanglier. (Modèle.)

Patine giroflée.

Socle de forme ovale.

Haut., 25 cent. 1/2; long., 36 cent.; larg., 20 cent.

N° 201

Ours terrassant un taureau. (Modèle.)

Patine médaille.

Base de forme ovale.

Haut., 20 cent.; long., 31 cent.; larg., 16 cent.

www.ingramcontent.com/pod-product-compliance
Lightning Source LLC
Chambersburg PA
CBHW052237220526
45471CB00001B/80